播音与主持艺术专业"十四五"规划教材

播音员主持人形象塑造

蒋育秀　张　静　胡建斌◎编著

BOYINYUAN ZHUCHIREN
XINGXIANG SUZAO

播音与主持艺术专业训练教材

中国传媒大学出版社
CUCP
·北京·

引言

“讲好中国故事、传播好中国声音，展现可信、可爱、可敬的中国形象。”——习近平总书记在党的二十大报告中，为传媒行业发展和传媒教育建设指明了前进方向，提出了殷切期许。塑造“可信、可爱、可敬的中国形象”，这是我在多年教育实践中的目标，也是本书写作的出发点和落脚点。

回望历史，经典文学作品对形象塑造艺术便有所涉及。《诗经·曹风·鸤鸠》是这样描述“淑人君子”的，“其仪一兮，心如结兮……其仪不忒，正是四国。”这两句话的意思是：淑人君子的仪容美好如一，内心坚定有节操，各国争相以之为模范。由此可以推断，形象塑造的艺术性和影响力在2500多年前就得到了认可。

展望当下，习近平总书记曾于2016年2月19日在党的新闻舆论工作座谈会上的讲话中指出：“新闻舆论工作掌握着传播资源，牢记和履行社会责任有着特殊意义。”对于播音员主持人等台前工作者来说，总书记的论断显得更为重要，他们的一肌一容、一颦一笑、一举一动，都肩负着远高于自身的形象塑造之责任，一些重要岗位上工作者的形象，甚至直接关联着国际传播中国家形象的塑造。

内外兼修，庄重亲切，塑造出广大人民群众可信、可爱、可敬的时代形象，才能更好地完成习总书记提出的“为党为民、激浊扬清”的使命任务。愿本书的出版能为此尽一份绵薄之力。

目录

第一章　播音员主持人形象塑造概述

播音员主持人是信息发布者与接收者沟通的桥梁，也是媒体和观众的代言人。播音员主持人的形象既影响信息的发送效果，也影响受众的接收效果。因此，播音员主持人形象塑造就显得尤为重要。播音员主持人的形象塑造是其职业行为的重要组成部分。

播音员主持人形象是一种复杂的综合形象，是播音员主持人的表现与风格在公众心目中的印象与反映。“在大众传播中，最先被受众感受到的是以个人形象出现的播音员主持人形象，其次是节目形象，最后才是播音员主持人所代表的媒体形象。”[①]从这个意义上说，播音员主持人形象首先是个人的、自身的形象。其次，播音员主持人代表了一种职业形象。这种职业形象从节目中体现出来，代表节目形象，经大众传播媒介报道出来，就代表媒体形象。所以，播音员主持人形象代表着媒体形象。

形象是通过视觉、味觉、触觉、听觉等各种感觉器官在大脑中形成的关于物体的整体印象。播音员主持人的形象是由身体（如胖瘦、面容、身材等）和其他身体所需要的附着物（如饰物、衣服等）以及外在气质、言行等因素共同构成的。虽然我们的身体受生理条件的限制不太容易改变，例如身高、体形等，但我们可以通过美容、化妆、服装等进行修饰。播音员主持人通过选择适合自己的得体的妆容、发型、衣服、饰物等塑造自己的外在形象。

① 李苓. 传播学理论与务实［M］. 成都：四川人民出版社，2002：111.

播音员主持人的外在形象主要包含容貌、言谈、举止、音色、体态、服装、服饰等外在因素。外在形象不仅直观地体现播音员主持人的内在形象，而且为表现内在形象而服务。所以，播音员主持人要正确理解内在形象与外在形象的关系，在积极创造内在形象的过程中不能忽视外在形象的塑造。

播音员主持人外在形象的塑造很重要。长相虽是天生的，但是屏幕上的形象是可以塑造的。播音员主持人良好的外在形象离不开得体的化妆与整体形象的塑造，即化妆造型。化妆主要是对面部的修饰，是塑造人物外在形象的艺术手段。化妆的作用有很多：一是美化仪容；二是塑造外在形象。由于节目的不同，播音员主持人的化妆造型各有千秋，在电视上所产生的节目效果也各不相同。有的播音员主持人庄重大方，有的播音员主持人怪诞夸张等。播音员主持人的化妆造型与电影、电视剧、戏剧人物化妆造型有不同的表现。播音员主持人的化妆造型是根据栏目性质、内容及个人气质和外在容貌来设计的，既不同于生活化妆，也不同于塑造角色的戏剧影视化妆。色彩的和谐运用是电视播音员主持人化妆造型的关键，包括眼影色之间的组合搭配，化妆色与服饰色、口红色的搭配，化妆色与肤色、眼影色与腮红、脸型与化妆色的搭配以及与环境的协调搭配等。

播音员主持人要懂得对美的展示。播音员主持人内在美的体现和外在美的阐释与节目内容密切相关。播音员主持人语言、气质的美，与节目的形式与内容相互联系、相互制约。播音员主持人的形象应五官端正，形体匀称，举止大方；播音员主持人的语言应字正腔圆、音色甜美，富有节奏感；播音员主持人的服饰应与节目和谐，并且富有个性；播音员主持人的态度应亲切自然。总之，播音员主持人的形象要给人以美的享受。

播音员主持人形象塑造的目的是依据节目特征和定位，运用多种设计手段，利用多种不同环境和客观因素，完成播音员主持人屏幕形象（服装、发型、面部化妆）的视觉优化。

第一节　播音员主持人形象塑造的要求

播音员主持人的形象对其节目的收视率和观众的接受程度有相当的影响。媒体投入大量人力、物力，精心策划制作的节目，很可能由于播音员主持人的形象问题失去观众。播音员主持人的形象塑造是节目的重要组成部分。播音员主持人的形象会使观众产生认同感或排斥感。播音员主持人的形象要符合电视美学以及节目要求。播音员主持人要积极实践行为美，弘扬心灵美，培养内在美，修饰外在美。

一、融入节目风格

播音员主持人是节目风格的显性代表。播音员主持人风格与节目风格、媒体评价的相关度很高。播音员主持人的形象塑造要融入节目风格，与播音员主持人风格、节目风格和谐统一。

播音员主持人的个性是播音员主持人风格的重要组成部分。播音员主持人的个性化不是传播的目的，而是优化传播的手段。优秀播音员主持人既具有个性又能够与节目风格和谐统一。中央广播电视总台主持人尼格买提就是一位个性突出的主持人。他的个性与节目风格和谐统一、相辅相成。2006年，尼格买提进入中央电视台，主持益智类游戏节目《开心辞典》。随后尼格买提因主持《开门大吉》《星光大道》等节目被观众熟知。其因活泼、自然、幽默的主持风格受到观众的喜爱。2019年，中央广播电视总台推出了新青年生活分享节目《你好生活》。《你好生活第二季》以影像随笔的风格，通过尼格买提的视角展示新疆数十年来的发展变化。节目以个人成长经历和生活历程为主线，将温暖、朴实的生活故事呈现给观众。这档充满生活气息的节目不仅展示了人间烟火，还展现了尼格买提的个人魅力。

二、符合审美标准

审美是指领会事物或艺术品的美，是人类理解世界的一种特殊形式，反映人与世界（社会和自然）形成的一种无功利的、形象的和情感的关系状态。审美是在理智与情感、主观与客观上认识、理解、感知和评判世界上的存在。播音员主持人的审美直接影响节目的品位。因此，播音员主持人要注重审美意识的培养。

播音员主持人要正确定义“美”的含义。“美”是什么？美是指能引起人们美感的客观事物的一种共同的本质属性。美是事物促进和谐发展的客观属性与功能激发出来的主观感受，是客观实际与主观感受的具体统一。事物具有促进和谐发展的属性与功能是自然美；人们加工事物使它形成促进和谐发展的属性与功能是创造美；促进和谐发展的思想与情感是心灵美；创造和谐发展的行为与实践是行为美；追求和谐发展的精神是内在美；有利于和谐发展的仪表是外在美。人的审美追求，在于提高人的精神境界、促进与实现人的发展，在于促进和谐发展、创建和谐世界。“审”是人们对一切事物的美丑作出评判的过程。审美是一种主观的心理活动的过程，是人们根据自身对某事物的要求所作出的一种对事物的看法，因此具有很大的偶然性。但它同时也受制于客观因素，尤其是人们所处的时代背景，这会对人们的评判标准产生很大的影响。

播音员主持人形象的美不仅靠技巧塑造，更重要的是靠播音员主持人对美的感悟和不断深入的认识。播音员主持人不仅要有良好的外在形象，更要有优秀的内在素养。只有通过丰富的知识储备和深厚的内在修养，播音员主持人才能最大程度地展现出极致的美。

播音员主持人形象塑造不仅要符合节目风格，还要符合主流审美，符合自我个性，符合受众期待。播音员主持人要明确播音员主持人与受众的传受关系是辩证统一的，是相互促进、共同发展的。受众的认知能力在传媒引导下得以提升，播音员主持人的形象因受众的审美期待而不断得到重塑与完善。

三、善用设计语言

不同类型的节目中，播音员主持人的形象塑造有不同特点。新闻类节目的播音员主持人要体现庄重性、严谨性，给人以权威感、信任感；社会服务类节目的播音员主持人要彰显自然、亲和、大方的特点；文艺类节目的播音员主持人要感情丰富，语言活泼、跳跃、幽默；综艺娱乐类节目的播音员主持人要活泼、时尚，甚至有一定程度的夸张。

以中央广播电视总台《机智过人》节目为例，这档聚焦智能科技的科普节目在主持人形象的塑造上较为成功。不论是第一季的主持人高博，还是第二、三季的主持人朱广权，他们依托这档节目独有的科技属性和未来感，塑造严谨而不失趣味的主持人形象。每一期节目中，主持人都会在单调的衬衫和西装上，巧妙地搭配跳色或有独特纹样的领带。这样的搭配为主持人形象增添了一份时尚感和未来感。不仅能满足观众的视觉审美，还能与节目主题相呼应，凸显科技主题。这充分体现了该节目主持人形象塑造的“四个特性”：科学性、严谨性、趣味性和权威性。

2016年11月30日，习近平总书记在中国文联第十次全国代表大会、中国作协第九次全国代表大会开幕式上的讲话中指出，广大文艺工作者要坚持以人民为中心的创作导向，坚持为人民服务、为社会主义服务，坚持百花齐放、百家争鸣，坚持创造性转化、创新性发展，高擎民族精神火炬，吹响时代前进号角，把艺术理想融入党和人民事业之中，做到胸中有大义、心里有人民、肩头有责任、笔下有乾坤，推出更多反映时代呼声、展现人民奋斗、振奋民族精神、陶冶高尚情操的优秀作品，努力筑就中华民族伟大复兴时代的文艺高峰。

播音员主持人要积极践行习近平总书记讲话的精神，只有不断提高艺术修养和文化素质，加强审美意识，才能塑造良好的播音员主持人形象。

第二节　播音员主持人形象塑造的三个方面

播音员主持人的形象塑造主要从妆面、发型、服装三个方面着手。

一、播音员主持人的妆面

自从人类诞生之后，随着时代和社会需求的变化，人类为了达到美的标准，不断地修饰着自己的脸庞。过去化妆是为了保护自己，而现代化妆则是为了使自己更加美丽。化妆品包括粉底液、粉饼、散粉等基础化妆品以及眼影、眼线、唇彩、腮红等局部色彩化妆品。研究表明，在通过化妆所形成的形状、质感、色彩等众多要素中，色彩在形象塑造中占据了70%—80%的比重。

黑白画面只需考虑明暗化妆，彩色画面则有了更多变化，需要考虑色彩化妆。色彩化妆大体分为三种类型：基础色相、不同脸型的轮廓色相、考虑到形象造型的强调色相。随着化妆品生产技术的提高，化妆不再单纯以色彩为主，而更多地关注皮肤的自然表现以及化妆品的质感的体现。

播音员主持人化妆是用化妆来修饰面型，其作用是塑造外貌形象和美化仪容。播音员主持人化妆要依据栏目性质、内容及个人气质和外在容貌，不同于生活化妆。另外，色彩的协调运用也是播音员主持人化妆造型的关键，不同于生活妆和舞台妆。生活妆追求真实、自然，舞台妆则通过粘贴毛发并且借助色彩来塑造出带有夸张性的人物形象。播音员主持人的化妆更加趋向于清新的、淡雅的无痕化妆，黑色的眼线、粗重的眉毛、不打粉底就配上鲜艳的口红等都是很不得体的。化妆的最高境界是“裸妆”，要达到化妆无痕的效果，首先要懂得将色、形、韵有机结合的原理。美，是一个整体，化妆也如此，不仅要考虑节目背景灯光的局限，还要考虑播音员主持人的面部结构特征与个人气质，并且要与服装、发型的色彩和款式搭配。无论改动哪一方面，整体的造型效果都会受到影响。

二、播音员主持人的发型

发型指头发的长度、颜色和形状。发型可以分为五种：直发、波发、卷发、羊毛状卷发及小螺旋形卷发。发型设计可以根据人们不同的需求和愿望，体现人们不同的个性和审美，从而达到特定的效果。

发型是播音员主持人形象塑造的重要因素，是播音员主持人个性表达的方法之一。发型设计的要素大体分为头发的长度、颜色、形态等，并且刘海的有无和长度也会对造型设计产生影响。因此，发型设计要从发长、发色、体积感、波浪和刘海着手。

女播音员主持人的发型有剪发造型、短发、中长发。不同发型给人的印象也不尽相同。剪发造型是最干练的发型；短发具有都市感，给人单纯可爱、积极向上的感觉；中长发则飘逸，风情万种。女播音员主持人的发型以剪发造型或短发为主。男播音员主持人一般是短发。有些综艺娱乐节目中，男播音员主持人有怪诞的发型。发色根据节目风格和自身个性来调整。波浪使发型更具体积感，是形象变化的重要因素。

三、播音员主持人的服装

播音员主持人作为公众人物，其一举一动、一颦一笑，观众都会看在眼里，播音员主持人的衣着服饰也是观众注意的焦点。服装对形象塑造有着巨大的影响，服装不同的材质、设计还有细节，可以塑造多种形象。端庄的服饰有助于提升观众对于节目的信赖感。

服装的款式多种多样，人们在选择服装时一般都会考虑服装与环境的关系，比如应聘或是洽谈生意，不可能选择款式暴露、性感的服装。播音员主持人在这个方面就更应有所讲究。播音员主持人作为一种媒介形象，其服装设计选配水平对全民审美素质的提高发挥着潜移默化的作用。

新闻报道节目中的服饰不可以过度华丽，而是以给予观众信任感的服饰为主。为了符合节目内容和节目定位的要求，播音员主持人的造型要贴近受众的审美期待。依据节目的性质、内容或传播对象，节目分成新闻、文艺、社教、经济、少儿、体育等类型。节目类型不同，播音员主持人着装风格各有不同。

播音员主持人对服饰的搭配不能随心所欲，要根据节目的特点、风格，播音员主持人的年龄、个性，受众的审美心理等方面，通过款式、色彩以及用料来体现播音员主持人对美和节目定位的理解。

在服装的设计和选配上，面料的质感是一个不可忽视的元素。面料的质感发生变化，色彩就会随之产生某种复杂的感情作用。举个例子，同样是红色，在粗纺的苏格兰花呢上具有粗犷感，在丝织锦缎上具有华丽感，在薄纱般的面料上具有轻快感，而在人造革上则具有冰冷感。

另外，肤色也是服装搭配的考虑因素之一。播音员主持人还要考虑灯光和背景色调对服饰色彩的影响。

思考题

1.播音员主持人形象塑造的要求是什么，请具体阐述。

2.播音员主持人的形象塑造从哪些方面着手？

3.播音员主持人妆面的特点是什么？

4.播音员主持人发型的特点是什么？

5.播音员主持人服装的特点是什么？

第二章　播音员主持人形象塑造方法

播音员主持人的形象与节目形象、媒体形象有很大的关联。播音员主持人的形象取决于节目形象、媒体形象，同时，播音员主持人的形象又反作用于节目形象、媒体形象。播音员主持人虽然是以个人身份出现在节目中，但播音员主持人的形象会受到节目形象的制约，适应节目形象的要求。

媒体形象具有规范性和稳定性，这种规范性、稳定性既有利于播音员主持人风格的形成，也有利于播音员主持人获得受众对其形象的认可。如果播音员主持人过于追求形象的“创新”，而缺乏规范性和稳定性，往往会造成形象的破损，从而失去受众对其的认可。

第一节　面部化妆理论基础

面部化妆是按照一定的步骤和技巧，使用化妆品和工具对面部五官及其他部位进行描画、渲染，以调整面部的形与色，从而达到美化面部的目的。

面部化妆要将个性、气质、脸型、肤色、发质、身高、年龄、职业等各类因素作为一个整体来构思，再结合设计专业中的两大造型基本因素“形”与“色”进行恰到好处的修饰与搭配。本节主要通过介绍面部和头部“形”的相关知识，来提高大家的自我形象设计能力。

一、面部化妆的解剖学依据

人的头、面部生理结构是化妆造型研究的核心问题之一。面部的解剖学是矫形化妆的生理基础，也是人物化妆造型设计的理论依据。

（一）面部骨骼

人脸的上半部分是由上颌骨、颧骨、颞骨、额骨和顶骨构成的圆弧形结构，下半部由下颌骨构成。这些都是影响脸型的重要因素，其中，颌骨起了很重要的作用，决定了脸型的基础结构。

头颅大致可以分为长头颅型和圆头颅型。白色人种、红色人种及黑色人种属于长头颅型，黄色人种属于圆头颅型。长头颅型的人种，面部比较鼓突、立体；圆头颅型的人种面部较圆润、扁平。但巧妙的化妆技术可以发挥不同头颅型的优势，弥补其弱势。

面部的骨骼中，除下颌骨能活动外，其他的骨骼是固定的。与化妆造型相关的面部骨骼有：额骨、颞骨、鼻骨、颧骨、上颌骨和下颌骨（见图2–1）。这些骨骼在光照下形成阴影和高光区，面部的立体感便可由眼睛感知。化妆必须尊重面部骨骼的生理结构，并在此基础之上进行矫正，扬长避短。

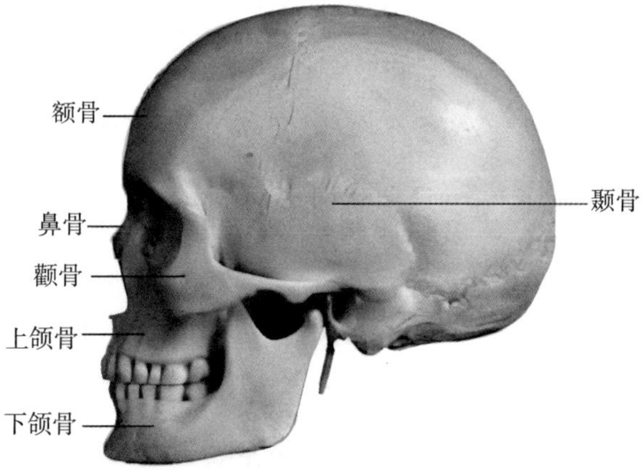

图2–1　面部骨骼

（二）肌肉长势

肌肉附着于骨骼上，在面部的凹陷处尤为丰满。肌肉与骨骼不同，它处于常年的变化之中，受外界因素的影响也较大，饮食、运动、表情、年龄的增长及健康状况等均会影响肌肉的发展趋势。面部肌肉可分成两大类：一类是咀嚼肌，它主理下颌骨的运动，帮助咀嚼食物，如咬肌、颞肌等。另一类是表情肌，主理面部的表情，如额肌、眼轮匝肌、皱眉肌、鼻背肌、鼻翼扩张肌、颧上肌、颧下肌、口轮匝肌、颊肌等（见图2-2）。

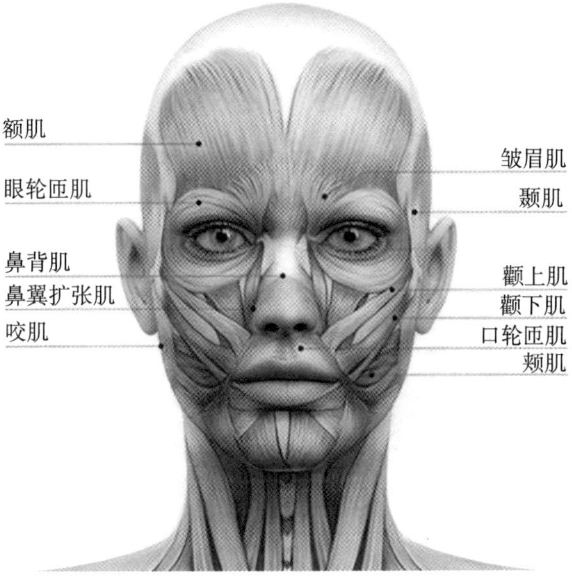

图2-2 面部主要肌肉

二、化妆的素描学依据

化妆一般包括人头面部比例结构、五官的比例、发型与面部的比例、发型与身型的比例等，这些比例关系是否协调关乎化妆造型局部形象与整体形象的美感表现；人面部五官的线条、形状，发型线条、形状及其轮廓等是否协调同样关乎化妆造型局部形象与整体形象的美感表现。

头面部与五官画法既是整体形象的组成部分，又是对化妆造型艺术表现所进行的基础训练，主要包括线描画法及素描画法。线描画法的训练，主要掌握头面部的形态特征，调整五官比例、大小及位置，改变肤色等；素描画法的训练，是利用绘画中的明暗关系原理表现头面部与五官的真实感，包括明暗层次变化、线条造型变化、色彩深浅变化等（见图2-3）。

头部形似一个长方体。我们可利用色彩的色性，将圆润、扁平的面型塑造成圆润与立体相结合的面型。

图2-3　素描明暗对比

（一）脸型的分类

人的脸型大致可分为以下六类（见图2-4）。

由字脸：腮部宽大而额部窄小，脸形如梨子。

方形脸：脸部长宽相近，但下颌横向较宽，方正平直。

圆形脸：脸部长宽相近，状如圆球。脸较短，脸颊丰满圆润，颧骨不明显。

甲字脸：整个脸部宽度适中，长度大于宽度，从额部、面颊到下巴线条修长秀气，整个脸形如倒立的鹅蛋。

国字脸：额部与脸部方正，线条直硬，状如国字。

申字脸：脸部颧骨突出，下巴尖细，额头窄小。

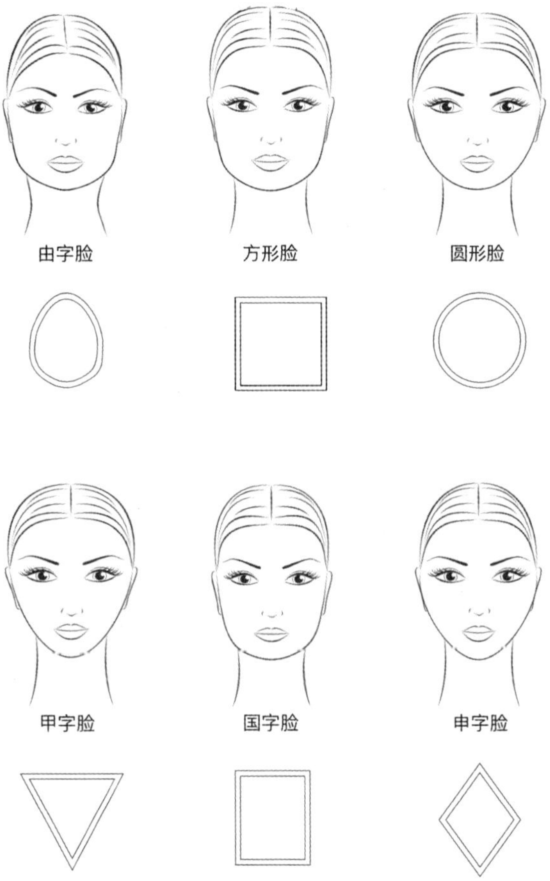

图2-4　脸型的分类

（二）脸型美的标准

黄金分割是把一条线段分割为两部分，使较大部分与全长的比值等于较小部分与较大部分的比值，这个比值即为黄金分割率，约为0.618。符合黄金分割率的比例是最能引起美感的比例。

符合黄金分割率的构造，在视觉上会让观察者产生愉悦的印象。理想瓜子脸的长与宽比例为34∶21，这一比例正好符合黄金分割率。伯拉克西特列斯的著名雕塑《克尼多斯的维纳斯》的面部是公认的魅力样板，其从发际线到下颌的长度与两耳之间的宽度之比，也接近黄金分割率。

中国传统审美观对人的面部美特别重视。中国传统画论，对人的面部正面观的纵向和横向比例关系总结为“三庭五眼”。“三庭”即从发际线到颌底线分为上庭（发际线至眉线）、中庭（眉线至鼻底线）、下庭（鼻底线至颌底线）三等分。“五眼”即从正面看，脸的宽度（两耳孔间的距离）等于五个眼睛的长度。“三庭五眼”是中国传统审美观中，脸部美的基本标准（见图2-5）。

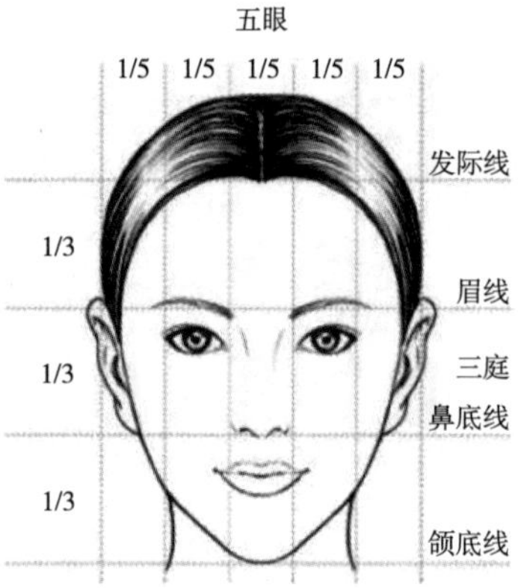

图2-5　标准脸型

1. 标准眉

标准眉（见图2-6）有以下特点：

（1）眉毛略高于或平于眉头。

（2）眉头、眉腰和眉尾各占三分之一，眉峰位于眉头到眉尾的三分之二处。

（3）眉头到眉尾由粗到细，眉头颜色稀而浅，眉腰颜色密而浓，眉尾颜色细而淡。

（4）上实下虚。

标准眉形眉尾的位置在鼻翼至外眼角斜线的延伸处，可用一支笔来测量：将笔的一个点放在鼻翼处，第二个点固定在外眼角，再顺着笔杆向斜上方向延伸，到达眉毛的终端。

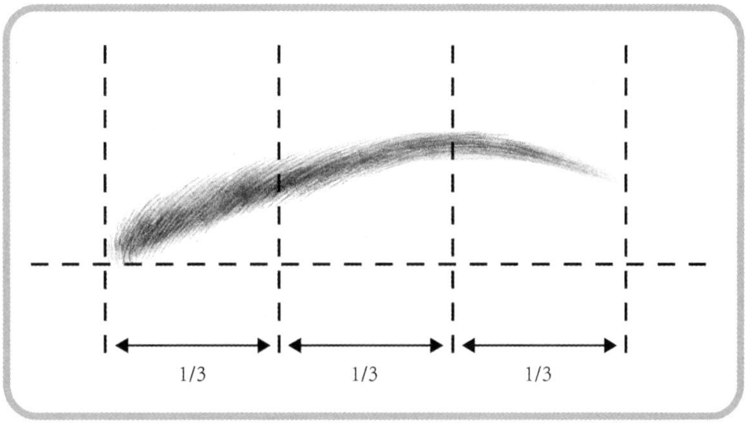

图2-6 标准眉

2. 标准眼

标准眼（见图2-7）有以下特点：

（1）外眼角略高于内眼角；内眼角要打开。

（2）眼皮不压睫毛。

（3）上下眼睑与黑眼球自然衔接。

（4）上下睫毛浓密，卷翘；眼球黑白分明。

图2-7 标准眼

3. 标准唇

标准唇（见图2-8）有以下特点：

（1）上下唇的比例为1：1.5或1：1.2。

（2）唇峰位于唇一半的三分之一处。

（3）唇角微翘。

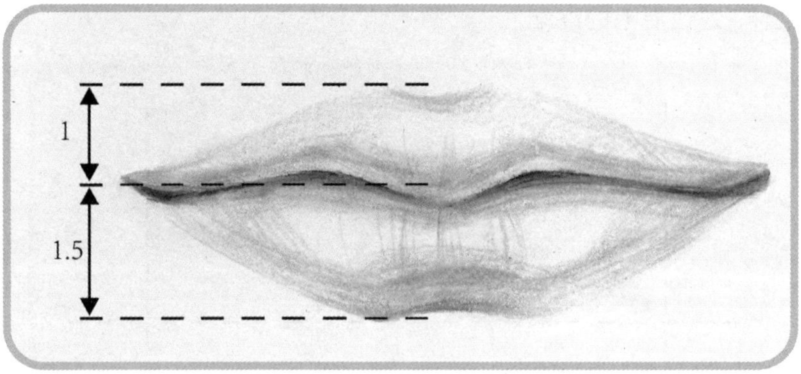

图2-8　标准唇

第二节　化妆的色彩学依据

色彩在造型中的作用不言而喻。通过色彩的明暗、冷暖对比结合化妆技法可对人的容貌进行美化和修饰。

运用色彩的对比关系，可使人们对物体形状的观感发生变化，如平面显立体、立体显平面、宽变窄、小变大。色彩的对比包括色相、明度和纯度的对比，化妆时可用明度的对比来刻画形象，也可运用色相的对比和色彩的冷暖倾向表现立体感和质感。

化妆中的色彩处理还要与整个环境或画面的色彩关系相协调，以便取得理想的造型效果。如果环境或画面色彩浑厚浓重、气氛低沉，面部的色彩处理便可浓重一些，描画的笔触鲜明一些、显著一些；如果环境或画面色彩淡雅清新，气氛欢快，那么化妆的色彩处理相应要淡一些，描画得尽量轻一些、柔和一些、自然一些，以便取得人物和画面景物的和谐统一。

色彩构成，又称“色彩的相互作用”，是在色彩科学体系的基础上，研究符合人们知觉和心理原则的配色创造。即将复杂的视觉表面现象还原成最基本的要素，运用心理物理学的原理去发现、把握和创造尽可能美的效果。①色彩构成表现主要包括色彩与形态的关系、色彩与材质的关系、色彩与心理的关系、色彩与流行时尚的关系、色彩的象征意义与想象的关系、色彩调和与形象配色的关系等。

一、色彩的三要素

（一）色相

色相是指色彩的相貌。不同的波长决定不同的色相，这是大家最直观感受到的“色彩”。在光谱中，红、橙、黄、绿、蓝、紫等由于有不同的波长，带给我们不同的色彩感受，它们是最基本的色相，其他诸如玫瑰红、朱红、柠檬黄、翠绿等也都是指色彩特定的色相，是人们对不同色相的不同称谓。将这些色彩分别加黑或加白，色彩发生的变化只是明度变化，色相并未改变。人眼一般可辨出包括紫、蓝、青、绿、黄、橙、红7种主要颜色在内的120—180种不同的颜色。因此，我们在化妆造型设计中对色彩的选择余地非常大。

（二）明度

明度是指色彩的明暗程度，也称深浅度，是表现色彩层次感的基础。如黑、白、灰之间就可以构成明度顺序，黑白之间有不同程度的灰。

色相相同的色彩有明暗、深浅之分。在同一色相中，洁色的明度高，浊色的明度低，纯色的明度居中。在色彩的明度体现中，黄色的明度最高，紫色

① 辛华泉. 形态构成学[M]. 2版. 杭州：中国美术学院出版社，2022：96.

的明度最低。在色彩混合过程中，白色加得越多则明度越高，黑色加得越多则明度越低。人眼不能准确判断某种色彩明度的大小，但对色彩明度的变化很敏感，并且能够比较精确地判断色彩明度的差别。因此，我们在化妆造型设计中选择色彩，必须考虑明度及其变化。

（三）纯度

纯度是指色彩的鲜浊程度。色彩纯度越高，给人的视觉印象越鲜艳。在所有颜色中，三原色的纯度最高，鲜艳程度也最高，间色次之。纯度的高低主要是因为色彩中彩色成分与消色成分（即黑色和白色）调和比例的变化：彩色成分愈多，色彩的纯度愈高，因此没有消色成分的三原色纯度最高；消色成分愈多，色彩的纯度愈低，因此没有彩色成分的黑色和白色的纯度最低。色彩纯度的高低还与色彩的明度有密切的关系。当明度变化时，纯度也随之改变，明度增大或减小时纯度都降低；只有明度适中时，色彩的纯度最高。因此，我们在化妆造型设计中选择色彩，要把纯度与明度结合起来考虑。

二、色彩的情感特征

不同的色彩会给人不同的心理感受，让人展开各种想象、联想，使人产生各种情绪、情感。

人类在长期的生活过程中，往往习惯于将色彩与一定的事物相联系，由此赋予色彩一些相关的情感特征。虽然每个人有不同的认识和反应，但长期的社会实践已然使多数人对某种色彩形成了共同的视觉心理定式，如热情温暖的红色、壮丽明快的黄色、和平宁静的绿色、理智深沉的蓝色、纯洁明亮的白色、深沉凝重的黑色等。我们在化妆时选择色彩应注意强调色彩的对比，对比明显的色调具有强烈的视觉冲击力，效果鲜明、活泼，有助于表现动势、活力或矛盾冲突等主题情感；以高明度色彩为主的色调，可表现清新、明朗、轻快的情感意象；以低明度色彩为主的色调，可表现深沉、稳重、沉静、威严的情感意象；以高纯度色彩为主的色调，可产生单纯、艳丽、装饰性的画面效果，给人强烈刺激的视觉感受，富于生机与活力；以低纯度色彩为主的色调，可表现柔和、含蓄、典雅或平和、朴素的情感意象。无论是表现欢乐或压抑，明快或感伤，华丽或朴实，繁杂或单纯，宁静或跃动，热情或冷漠，轻盈或沉重，色调所产生的特定的情感氛围有助于使画面在瞬间给观者留下鲜明的印象。

三、色彩的社会观念

不同国家和民族，由于受自然环境、社会状况和文化传统的影响，对色彩的视觉心理具有不同的好恶和使用习惯，形成了极富地域特征的社会观念。色彩的这种社会观念，是地理、气候、政治、经济、文化、宗教、历史等多方面因素综合作用的反映。如中国人视红色为吉祥和幸福的象征，习惯将红色用于节日，而将白色和黑色用于丧事。同时，中国人十分重视黄色，视黄色为崇高和权威的象征，是历代帝王的专用色。中国的国旗和国徽，以红色为底，以金黄为图案，显得庄严、肃穆。又如，藏族最常使用的颜色主要有白、蓝、红、黄、绿。这五种颜色是藏族传统宗教——“苯教”中代表五种本源的象征色。藏蓝色主要用以表现宗教题材为主的唐卡、壁画中的各种愤怒神和护法神，这个颜色能最大限度地表现愤怒神和护法神的法力、威严和气质，并具有立体效果；具有鲜明藏民特色的藏式门帘和帐篷上的吉祥图案也基本是藏蓝色的布粘贴或者缝制而成，以表吉祥富足。

四、色彩的组合手法

不同色彩的搭配运用会呈现不一样的视觉感受。因此，色彩的组合可以模拟和再现生活的复杂与世界的和谐，使形象设计效果富于变化。色彩的组合手法是多种多样的。

首先是色彩的对比与统一。色彩的对比是将两个反差极大的要素搭配在一起。虽然让人感觉对比鲜明强烈，却并不相互矛盾。色彩的统一（调和），就是将色彩的各种差异因素调和在一起，形成一个整体。例如色彩中的红与橙、橙与黄、黄与绿、绿与蓝、蓝与青、青与紫、紫与红都是相近的色彩。在现实生活中，将两种差异因素巧妙地结合在一起，会让人感觉鲜明、活泼，主题突出却不失整体。

其次是色彩的对称与均衡。对称是指以一条线为中轴，左右或上下两侧均等，如人的眼、耳、手、足都是对称的。对称能给人传达一种稳重、大方、安静、祥和、完美的心理感觉（见图2-9）。生活中可以找到很多对称的实例，例如飞鸟的羽翼、昆虫的翅膀等。许多著名的建筑物也极具对称美，如中国的故宫、埃及的金字塔等。

图2-9　具有对称性的图片

均衡的特点是两侧的形体不必等同，量上也是大体相当。均衡较对称有变化，比较自由，也可以说是对称的变体。德国哲学家布莱尼茨曾经说过："世界上没有两片相同的树叶。"现实生活中没有绝对的对称，于是诞生了一个新的概念——"反演"。反演是一件事物里存在着两种因素的集合，如虚与实、美与丑、多与少、正与反、残缺与完美等。

无论是虚与实，还是残缺与完美，都需要把握“度”这个平衡点，以达到一种均衡状态，也就是变体的对称（见图2-10、图2-11）。

图2-10　均衡的图片

图2-11　均衡的图片

五、色彩与化妆

色彩在化妆造型中具有修缮、弥补人的外形的作用。不同肤色、发色、体形、年龄、性别的人对色彩的适应度并不相同，我们必须了解和选择适合个人机体特征的色彩，以达到形象设计的最佳效果。

（一）不同肤色的色彩选择

人类肤色是由黑褐色的黑色素、橘黄色的叶红素和红色的原血红素三部分组合成的。皮肤只是一层薄薄的过滤层，表皮的色调决定了肤色的状况。人类肤色的差异很大，不同肤色选用不同色彩。在自然光线下，用一张洁白的纸衬托在手腕和手掌的下方，观察确定自己的肤色。粉红色皮肤可选择的色彩范围就很广，黑色、白色以及彩色度较高的纯红、纯蓝、纯绿、深紫、淡紫的效果都很好；灰白色皮肤选择深沉素朴的色彩比较合适，彩色度不高的中间色如柔白、中蓝、淡粉红、蓝红、蓝绿、灰绿、玫瑰棕、中紫红、淡紫的效果较好，黑色以及彩色度较高的鲜艳华丽的色彩不适宜；白色皮肤可以选择的色彩最多，高彩度和低彩度的色彩都较适宜；黑色皮肤应该选择明度暗沉、彩色度较低的颜色。当然，高明度和高纯度的色彩也可能会令黑色皮肤具有一种异国情调，但我们要慎重选择；黄色皮肤适宜低明度和对比强烈的色彩，它与茶色系列的色彩很协调，柠檬黄和紫色不适宜。

（二）不同发色的色彩选择

在自然光线下，我们可对着镜子确定自己的发色。如果头发颜色较深，呈炭灰色、蓝黑色或银灰色，则色彩的选择范围比较大，纯白、黑色以及纯蓝、纯绿、鲜红、柠檬黄、紫色等高彩色度的颜色均可，但不宜选择棕色、橙色和金色；如果头发颜色的基色为灰色，呈亚麻色、鼠灰色、浅棕色和深棕色，应该选择纯度较低的柔白、灰蓝、中蓝、蓝绿、浅棕、柠檬黄、西瓜红、深玫瑰、淡紫以及所有淡粉红色，如选择黑色、橙色和金色则效果不佳；如果发色呈淡黄色、金黄色、草莓色、金棕色，则适宜选择牡蛎白、深棕、蓝色、黄绿、橙红、金黄、咖啡色以及所有橙色和所有金色，而黑色、粉红、紫色不适宜；如果发色呈金棕色、铜色、深金黄、红色，则适宜选择乳白、金棕、杏色、橙红、紫色、亮金色、净黄绿、浅品蓝以及所有桃粉红色，而选择黄色和浅黑紫色效果并不好。

（三）不同体形的色彩选择

高矮胖瘦的体形，可以选择不同的色彩，利用色彩的心理效应造成错视，进行调整，达到美的目的。胖体形，较适宜用明度低的深色，或具有后退感的收缩色，利用错视，达到收缩体形的目的；应避免用明度高的浅色或具有前进感的膨胀色、接近饱和度的强色；发光的衣料也有扩大体积的作用，慎用。瘦体形，适宜用明度高的浅色，或具有前进感的膨胀色，利用错视，达到放大体形的作用；与胖体形相反，应避免用明度低的深色或具有后退感的收缩色，更不能选择饱和度高的弱色。筒状体形，适宜选择纷杂的色彩，弥补体形的不足；忌用单色无花衣料。矮小身材，适宜选择淡而柔和的色调，最好上下衣同色，对比不宜太强烈；在上衣下裤（裙）色彩面积的分配上，要尽量加大下身面积，增强修长感。

同时，我们要善于发现自己体形中的优势和魅力，这样才能有的放矢地借助服饰色彩进行美的形象塑造。

（四）不同年龄的色彩选择

不同年龄的人对色彩的喜爱各有不同。幼儿、少儿喜爱鲜艳夺目的色彩，明度、纯度和彩色度高的颜色显得活泼可爱，都很适宜他们。彩色度高的三原色往往是首选。青年人思想活跃，接受新事物最快，因此也是流行色的积极响应者和实践者，他们对色彩的选择往往是多变的。一般而言，青年人可选择趋向热情、明快的色彩。中年人已形成稳定的色彩审美习惯，各方面都比较成熟，不易被流行色所左右，色彩选择趋向端庄、典雅、稳重的中间色。老年人机体和生理都进入衰退、老化阶段，因此选择高明度、暖色调的色彩，能显得年轻有朝气。老年人选择明度低、冷色调的色彩，也能达到较好的效果。

（五）不同性别的色彩选择

不同性别的人身体特征有明显的差异，色彩观念也有很多不同。一般而言，男性往往选择稳重沉着、彩色度较低的色彩，色彩变化比较小；女性常常选择高彩色度、高明度、高纯度的鲜艳色彩，色彩的变化比较大。

第三节 光源与化妆

妆面的表现与光源的互动关系是化妆中不可忽视的重要因素之一。不同的光源产生不同的色温，会使人们视觉所感受的妆面色彩产生差异。

一、光源的相对色温

谈到光源，就一定离不开色温。色温用“开尔文”（K）来表示。从视觉角度来说，色温越高，偏蓝的趋势越明显；色温越低，偏橙黄的趋势越明显。色温在 3000K 左右时，光色偏黄；色温在 5000K 以上时，光色偏蓝。不同色温的光，具有不同的照明和视觉效果。一些常见光源的相对色温见表2–1。

表2–1　常见光源相对色温

光源类型	色温
摄影灯	3200K
日光（晴朗的天空）	5400K—5800K
阴天的日光	6800K
烛光火焰	1850K

（一）冷光源

一般在办公室、会议厅、学校使用的荧光灯，色光偏蓝色调，属于冷色光源，这种光源有扩散作用。当冷色系的物体被荧光灯照射时，物体颜色的明度会提高，色彩纯度会降低；当暖色系的物体被荧光灯照射时，物体颜色的明度会降低，色彩纯度会降低。人在荧光灯下，脸色显得较为苍白，肌肤纹理较粗，面部阴影会减少，显得面平，面部缺陷容易暴露。在冷光源下，化妆时选择自然、透明、偏白的底色较为适合；慎用蓝色，使用不当会有浑浊效果。

（二）暖光源

“暖光源”是发出暖色系光的光源。摄影棚、咖啡厅、酒吧等娱乐性场所一般使用低明度的荧光灯，色光偏橙黄，属于暖色光源。这样的光源会使人产生温暖的感觉。暖光源在面部形成的阴影明暗柔和，使面部立体感强。在色彩选择上，金色、紫色、黑色等表现力较强。

（三）自然光

自然光是指天然的可见光。晴朗的天空，色光偏蓝色；有雾的清晨、多云的天气或不直接受光的地方，面部阴影部分显得比较柔和、优美；中午直接受光照射，妆面不足会暴露出来；傍晚黄昏时，光线偏蓝、偏暗，棕色系妆面效果比较好。在自然光中，我们要根据光照的角度、光线的强弱来化妆，以控制亮度对妆面形成的反差。

所有的光，无论是自然光还是人工室内光，都会随着明暗度、方向、色彩的变化而变化。

1. 明暗度

明暗度表示光的强弱，随光源能量和距离的变化而变化。

2. 方向

只有一个光源，方向很容易确定。而有多个光源，诸如多云天气的漫射光，方向就难以确定。

3. 色彩

光随不同光源和它所穿越的物质的不同而变化出多种色彩。自然光与白炽灯光或电子闪光灯作用下的光色彩不同；而阳光本身的色彩，也随大气条件和一天时辰的变化而变化。

二、不同照明光源的化妆方法

（一）自然光下拍摄的化妆方法

在自然光下拍摄，化自然妆比较适宜。浅褐色在自然光下可以达到最佳效果；粉底应选用比原肤色稍浅的颜色，避免使用过深的色彩；略带珠光的眼影效果较好，暗色调的眼影反而会使眼睛看上去更小；眼线、鼻阴影、脸侧影会使面部轮廓更加鲜明突出。

（二）室内拍摄的化妆方法

在摄影棚的灯光下拍摄，化妆要突出色彩的使用。如果皮肤底色过白或过亮，就会使人的面部在成像后显得过大或浮肿。我们应选用质地感较强的化妆品，注意对面部需要凸起的部位适当提亮，体现较为立体的效果。

（三）影音同步环境拍摄的化妆方法

在电视录像的现场，眼部的皱纹、雀斑和面部的瑕疵都会十分明显，因此比较适用无光泽感的化妆品；为增加皮肤的光泽，可将稍红些的腮红涂抹在面颊处，使皮肤红润；注意避免出现脸部与颈部颜色的色差。

（四）户外人像拍摄的化妆方法

一天之中太阳的高度有明显的变化、阳光的投射高度有很大不同。早晨，太阳的位置略高于被摄者，被摄者面部的眼窝、鼻子、嘴、下巴的投影不重，这个时段适合拍摄人像；上午9点至10点，太阳已渐渐升高，这时人的鼻影比早晨长一些，眼窝、颧骨、嘴的影子也比早晨略重一些，但这些投影并非过长过重，这一时段仍旧是较好的拍摄时刻；下午2点以后到黄昏时的光线，其照明效果如同上午9点至10点的光线，投射光的位置均不太高，这一时段的光线也较适合人像摄影。

中午，由于太阳处在被摄者头顶，使得被摄者面部上亮下暗，眼窝深陷，鼻影、嘴影重而长，颧骨突出，呈现顶光效果。一般说来，中午的光线不利于被摄者的造型。如果被摄者属仰视姿态，这种光线便不会在被摄者面部产生很长、很重的投影，也可以用于人像造型。

在室外化妆，理想的光线是上午9点至10点、下午5点至7点，此时的光线最接近标准的日光色温。在自然光线下，我们应注意顺光化妆。在室内化妆，在化妆镜前，我们要选用色温在3200K左右的灯泡，顶部照明选用色温在5600K的荧光灯，为的是冷暖光源结合，避免色温的偏差。

在户外拍摄人像，有时会遇到投射光线低于被摄者的情况，如来自水面的反光、篝火的照明以及放置得很低的反光板等，这时便形成脚光照明效果。脚光照明是反常的照明效果：凡是向下的平面显得亮，而向上的平面则处在阴影中。这种照明效果，除了表现特定的环境特点外，一般很少使用。

三、化妆与光色的协调

化妆是一种视觉造型，在不同的灯光下效果不同。透明度越小的色光对化妆的影响越大，透明度越高的色光对化妆的影响越小。光的颜色与化妆的颜色相似，将使妆面颜色的纯度增高；若与所给的光的颜色为互补色，则会使化妆的明度、纯度下降。假如化妆色不含有任何一种灯光色的成分，那么这个化妆色的任何明暗色调都会显得灰或黑。

粉红色光，使冷色变灰、暖色的纯度增加、黄色变成橙色。大红色光对任何妆都有破坏作用，在红光下，除了较深的肤色，几乎所有的色调都会消失：浅的和中间色调的腮红变成苍白的橙黄色，甚至褪色；深红色变成偏红的棕色，黄色变成橘黄；而冷的阴暗色变成深灰、黑色。紫罗兰色的光会使橙黄色、猩红色变得更红。因此，在紫罗兰色光下，不论底色还是腮红都不要用太多的红色。绿色光对主妆面颜色按比例增加灰的程度，因此，尽量不用绿色光。浅蓝色光使妆面底色纯度降低，这种光会使中间色和深肤色变灰，使所有的红色变灰，而浅色则被除去。肉色、粉红色和浅绿色光对化妆的影响较小，并且使化妆有较好效果。不纯的琥珀色也是令人喜爱的色光之一，能提高粉红色和肉色色调，使化妆显得生动。

对于化妆来说，暖色光比冷色光好，浅色光比深色光好，接近肤色的光效果最好。

思考题

1.色彩对于播音员主持人造型的影响有哪些？

2.如何合理搭配运用色彩？

3.思考光与造型的关系。

4.如何正确运用光线？

第三章 播音员主持人面部化妆方法

第一节 皮肤的类型

良好的皮肤状态是打造完美妆面的基础。首先，我们需要了解自己的肌肤。根据皮肤的特点，人的皮肤可分为五种类型。

一、干性皮肤

干性皮肤表面的角质层含水分较少，当皮肤油质分泌减少时，角质层的水分蒸发加快，不易保存。因此，皮肤表面干巴巴，失去弹性和光泽，易生皱纹。干性皮肤经不起风吹日晒，容易发红和起皮屑。在寒冷、干燥的季节，角质片在皮肤表面呈粉屑状，易生皲裂，构成皲裂型皮肤。

干性皮肤保养重点：从洁面到护肤每一步都要注意保湿、滋润；选择温和的护肤品；注意不要过多地去角质；加强防晒，避免产生小斑点和光老化。

二、油性皮肤

油性皮肤毛孔粗大，皮脂分泌过多，表面有光泽，不易出现皱纹；但由于皮脂过剩，易于使污垢附着在皮肤上，使皮肤易长粉刺和小疙瘩。

油性皮肤保养重点：除了日常脸部彻底清洁外，还要做去角质及敷面膜的工作。面膜和爽肤水可以深层清洁皮肤，收缩毛孔，不仅清除油脂，还可抑制油脂。平时的保养要注意使用控油且清爽保湿的产品。

三、中性皮肤

中性皮肤是较为理想的肤质，皮肤水油均衡，是最健康的一种肤质。它结实柔滑，富有弹性，毛孔细腻，肤色红润有光泽，而且对外界刺激不太敏感。

中性皮肤保养重点：给予皮肤基础的日常保养，注重保湿，加强防晒。

四、混合性皮肤

同时存在两种不同性质的皮肤，为混合性皮肤。混合性皮肤中偏干性的皮肤，护理恰当，会转变为中性皮肤；混合性皮肤中偏油性的皮肤，护理不当，会转变为油性皮肤。

混合性皮肤保养重点：平衡额头、鼻翼和两颊的保养，或者区别护理；注意清洁毛孔，预防粉刺。春、夏混合性皮肤容易油腻，须保持皮肤清爽及收缩毛孔；秋、冬季节则多加强滋润、保湿。根据季节变换护肤产品。

五、敏感性皮肤

敏感性皮肤是易受刺激而出现某种程度不适的皮肤，容易因饮食、情绪或护肤用品，导致皮肤表面干燥、发红、起斑点、眼肿、脱皮或生暗疮等。这种皮肤一般都比较白，毛孔也较细小。敏感性皮肤是视觉上很好的肤质，但较脆弱。

敏感性皮肤保养重点：注重保湿等基本保养，通过增加皮肤含水量加强皮肤的屏障功能，增强皮肤的抵抗力，减少外界物质对皮肤的刺激；保持皮肤清洁，可用温和的洗面奶及柔肤水，帮助清洁、柔软肌肤；不要随意更换化妆品，注意风沙对皮肤的影响，外出时尤其要注意用纱巾、口罩等遮挡，避免风吹；尽量避免在炎热的空气中逗留，避免尘埃、汗水等的刺激，避免过度日晒。

第二节 常用化妆工具及化妆品

我们要掌握丰富而巧妙的化妆技术，首先应对化妆工具及化妆品有一定了解。

一、常用化妆工具

常用化妆工具见表3-1。

表3-1 常用化妆工具

化妆工具	用法、用途
海绵扑	涂抹粉底的专业工具，可以利用海绵扑推开不均匀的粉底，使粉底和皮肤更加贴合
粉扑	涂拍定妆粉，一般呈圆形。专业化妆扑背后有一半圆形夹层或一根宽带。在定妆后的化妆过程中，化妆师用小手指勾住粉扑背面的带子，以此做衬垫进行描画，以免蹭花已经画好的妆
眉刀	用来刮掉杂眉，使眉形更加流畅完美。我们要选择带有防护的刀片，防止刮伤皮肤
弯眉剪	用于修理较长的眉毛。先用滚刷将眉毛梳理整齐后再进行修剪。还可用于修剪美目贴和假睫毛
美目贴	调整眼形
化妆刷	包括眉刷、眼影刷、唇刷、胭脂刷、清洁刷等，用于完成以眼部为主的妆面修饰
睫毛夹	可使睫毛更加卷翘自然
假睫毛	用于整个眼部的修饰，可使睫毛看起来浓密
调刀	牙科专用工具，在粘贴眉毛、胡须、双眼皮胶带以及制作伤疤时使用

二、常用化妆品

常用的化妆品见表3-2。

表3-2 常用化妆品

化妆品	用法、用途
修正液	用于粉底之前，可修正皮肤的色调。有多种颜色，例如米、白、粉、绿、紫等。如皮肤过白，可用米色或粉色修正液，使皮肤显得红润；皮肤偏黄，可用紫色修正液；皮肤局部偏红，可用绿色修正液
粉底	分为液状、乳状、膏状等，由于质地不同，使皮肤表现出的质感有所不同。其中膏状粉底遮瑕效果很强，容易改变原有皮肤的肤色和肤质。粉底一般根据肤色至少配深浅不同的三种颜色。粉底色与肤色要接近、协调。粉底质感与妆面特点相协调。深浅粉底搭配使用，涂抹均匀，薄厚适当。与面部相连接的裸露部位如颈、胸、肩、背、手臂都应涂抹
定妆粉	又称散粉，专业定妆用品。用于固定妆面，防止妆面脱落，同时可减少粉底在皮肤上的油光感，使妆面柔和、自然、协调
修容饼	有深浅双色，用于调整面部立体感
粉饼	定妆用品。体积小，携带方便，适合外出补妆
眼影粉	颜色较为丰富，有珠光和亚光之分。珠光眼影可体现光泽与色泽，亚光眼影能更好地体现色彩。眼影粉可体现丰富的色彩及层次的晕染。同类用品还有眼影膏、水溶眼影等。用于表现和强调眼部的结构，调整眉眼间距，调整眼型。表现妆面特点，同时表现整体化妆风格的韵味
眼线笔	黑色比较常用。调整眼型，突出眼神。可以画出非常精细的线条。一般笔要削成扁的鸭嘴状。替代用品包括眼线膏、眼线液等
睫毛膏	修饰睫毛的用品，分为纤长型、浓密型、透明型等
眉笔	比眼线笔质地硬，用时削成鸭嘴状，可一根根描画，突出眉的自然
腮红	用于突出面部的气色与质感。有粉状、膏状、液状的区别

续表

化妆品	用法、用途
唇线笔	用于描画不同的唇形，也可防止唇膏或口红溢出
唇膏	有亚光和有光泽两种质地。亚光口红改变唇色的能力最佳。有光泽的唇膏/口红可使唇部看起来更加盈润。可直接涂抹或用唇线笔先勾画唇线，再均匀涂抹上色

第三节　化妆的基本步骤

一、女播音员主持人化妆步骤

（一）净面

取适量洗面奶或清洁霜涂于面部，以由里向外打小圈圈的手法按摩片刻，然后用棉巾或湿纸巾从上向下擦净，再用水洗净（见图3-1）。

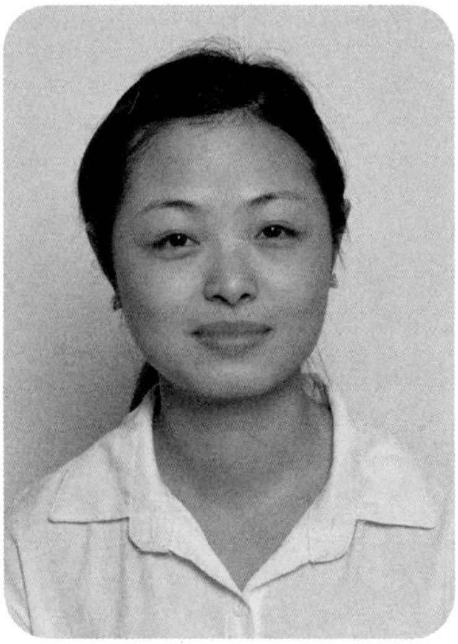

图3-1　净面

（二）化妆水

滴数滴化妆水于手中或棉巾上，从下向上轻拍于面部，感觉有点黏涩时，说明化妆水已被吸收。

（三）乳液或营养霜

取适量乳液分别点在额头、两颊、鼻头和下巴，用中指和无名指的指腹将其抹匀，方向是由下而上、由里而外。抹完后，用双手轻拍面部，让皮肤自然吸收，形成一层保护膜。

（四）修正液

修正液有多种颜色，常用的是绿色、紫色两种。绿色修正液可调整偏红的肤色；紫色修正液可调整偏黄的肤色。使用修正液，肤色会显得白皙、透明，上粉底时易表现皮肤的质感。

（五）基础底色

在面部化妆造型中，粉底是关键。粉底产品一般分为三类颜色：冷色调、自然色调和暖色调。

使用接近肤色的基础底色最能表现天然皮肤的质感。上粉底的方法为：用海绵取适量粉底以打点的方式使其布满整个面部，再采取拍擦方法将粉底抹匀；接近发际线和下颌底线时，要逐渐减弱，防止边缘处不自然；至少运用三种不同深浅的粉底进行底妆修饰，以借助明暗关系体现面部的自然的立体结构。

（六）定妆

定妆是保证妆面持久干净的关键步骤，为彩妆的顺利描画做铺垫。面部定妆的顺序一般是：首先固定外轮廓，然后是上额、下颌及内轮廓。防止脱妆的关键是：在鼻部周围、嘴部周围及眼部周围等部位小心地上定妆粉。这些部位运动较多，易出现皱纹，如不注意定妆，脱妆将首先从这些部位开始（见图3–2）。

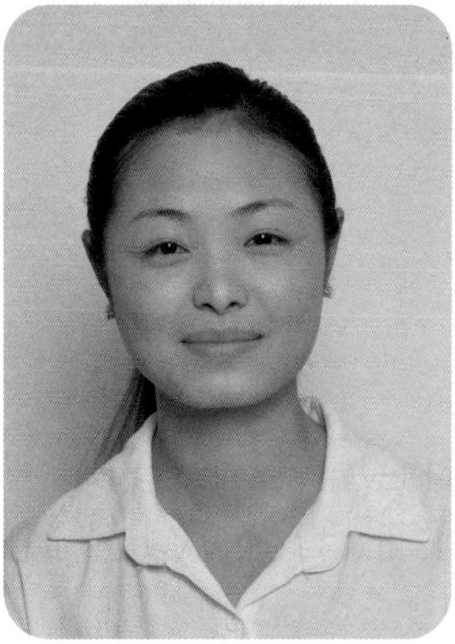

图3–2　定妆

（七）眼影

眼睛是心灵的窗户。眼影的使用是为了表现眼部的立体结构，同时也能表现整体的化妆风格及韵味。眼影色彩的选择要综合考虑服饰色、发色、肤色、眼睛色、季节以及眼部特点等诸多因素（见图3-3）。

比较东方人种和西方人种的眼部我们会发现：东方人种的眼窝较浅，单睑和肿眼泡者居多；而西方人种的眼窝深陷，双睑者多，较少肿眼泡者。眼部有两个高点，一个是眉骨，另一个是眼球的中央，两者之间有一凹陷，称为眼睑沟。由此可见，要表现眼部的立体结构，可在眼睑沟处用咖啡色、驼色、烟蓝色或褐色眼影表现凹陷感，在眼球中央和眉骨处用白色、淡粉色、淡黄色等淡色眼影表现突出感。令眼睛深陷的眼影色称为“结构色”，在结构色的内侧和外侧使用柔和的颜色作晕染称为“晕染色”。眼影的晕染应靠近睫毛线，外眼角深，向上、向外渐淡渐消。眼影要和眉毛、鼻侧影柔和地连接，从整体上塑造一个自然可信的眼部。

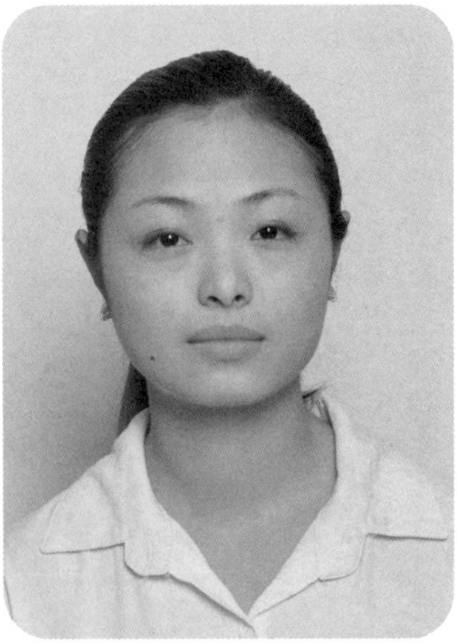

图3-3 画眼影

（八）眼线

化妆时在上下眼皮边沿画的线条，称为眼线。眼线的粗细比例一般是“上七下三”和“外七内三”。上眼线由内眦角向外眦角，逐渐加粗，至外眦角前开始上翘形成角线，使眼睛有增大和拉长的效果。下眼线相对较细、较淡，也是自内眦角至外眦角逐渐加粗，与上眼线交会时可以合角，也可以不合角。化妆设计时，修饰眼线可增加眼睛的魅力（见图3-4）。

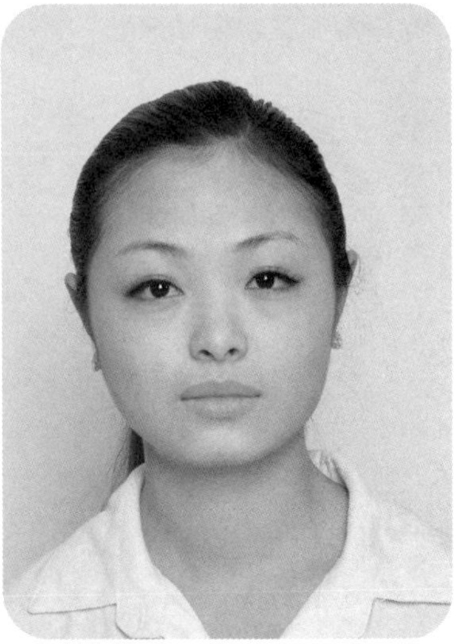

图3-4 画眼线

（九）睫毛膏

修饰睫毛可增加眼睛的生动性和立体感。方法是：选择和眼周大小基本相同的睫毛夹，夹住睫毛根部，向上翘起，停留数秒后，放松后退，夹住睫毛中部，再夹梢部，让睫毛形成自然的上翘曲线。注意夹睫毛时不可太用力，否则会折断睫毛。刷睫毛膏时，先将外眼角轻微拉开，使睫毛呈扇形分开，再用睫毛刷轻刷睫毛的下部，尽量从根部向上刷。刷下睫毛时可将睫毛刷竖向涂抹。注意夹睫毛的时候，要把睫毛完全夹翘，尤其是眼头的那几根睫毛，使眼睛看起来更大一些（见图3-5）。

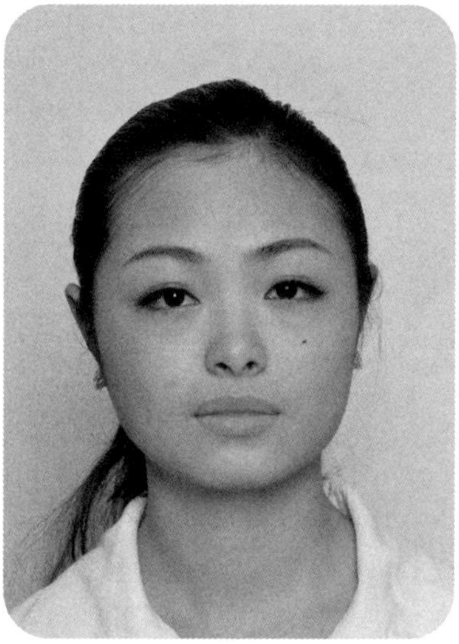

图3-5　涂睫毛膏

（十）眉毛

如果把眼睛比作一幅美丽动人的图画，那么眉毛则是这幅图画的画框。在面部的化妆造型中，眉毛相对于其他五官是最灵活、最易改变脸型的。眉毛的描画是上浅下深，两头（眉头、眉梢）浅、中间深，这是由眉毛自然生长的状态决定的。要表现眉毛疏密、深浅的特点，应选用柔和自然的灰色、棕灰色、棕褐色、深驼绿色等。眉笔应削成扁的鸭嘴形，以便于一根根细致地描画，表现出质感和透气感（见图3-6）。

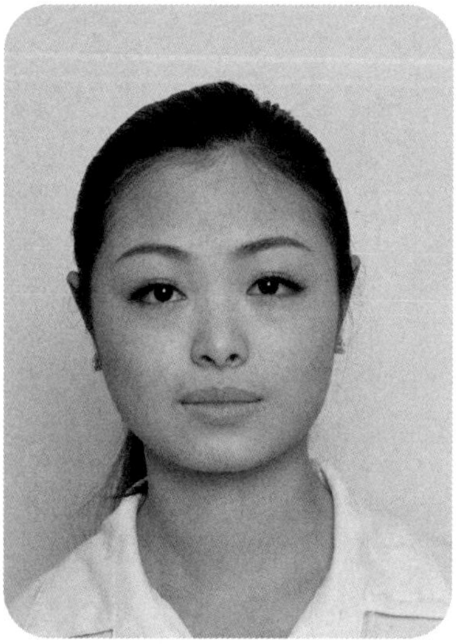

图3-6　画眉毛

（十一）腮红

使用腮红可使皮肤看上去健康红润，给人精神焕发的感觉。腮红使用得当，还可帮助修饰脸型。由于东方人种面部较平坦，使用腮红时不建议由内轮廓向外轮廓涂抹，而应从外轮廓向内轮廓涂抹，由深渐浅并最终与粉底完美融合，以表现面部的立体感。一般腮红选择与口红或眼影相似的颜色，扫在颧骨和颧弓下凹陷的结合处。整个面部外轮廓可利用余下的腮红轻扫，从而达到和谐柔美的整体效果。

（十二）口红

口红可增强面部的活力，是面部妆容关键的点睛之笔。其色彩应与肤色、腮红、眼影、服装色协调统一，并根据不同的年龄、场合、个性作出正确选择。要想使唇部更具立体感，可采用双色涂抹的方法。由于嘴唇并非一个平面，它具有明显的立体感，因此上唇处于背光面，可涂得深些，下唇处于受光面，可涂得浅些。为了突出嘴唇的结构，可以选择略深的口红涂抹嘴唇外缘，选择略浅的口红涂抹嘴唇的中部（见图3-7）。

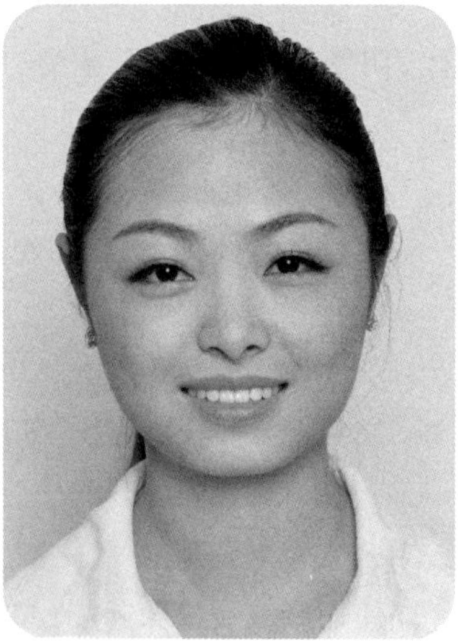

图3-7 画口红

总之，女播音员主持人的化妆基本要求是：清新大方、五官端正、轮廓鲜明，经过精心修饰而又不露修饰痕迹（见视频3-1）。

二、男播音员主持人化妆步骤

男播音员主持人化妆重在表现皮肤的质感，强调挺立的鼻梁、浓密的眉毛和健康的嘴唇，体现本人的特有气质。一般化妆步骤是：

（一）净面护肤

用洗面奶清洁面部。由于男性皮肤多偏油性，因此可用收敛水抑制汗腺、皮脂腺的分泌。可根据皮肤状况涂抹乳液，适当涂抹有利于后续上妆。

（二）基础底色

涂抹少量的粉底，肤色偏白则色浅，偏黑或脸盘较大则色深，若瑕疵较多，可用遮瑕膏进行局部遮盖。

（三）高光色与阴影色

高光色可用在鼻梁上，使鼻部挺立；或用在额头、下巴上，使面部更立体。阴影色有助于收缩鼻翼、脸颊，使鼻型、脸颊趋于完美。

（四）定妆

定妆分量要少，扑打均匀，使妆容干净、持久。

（五）眉毛

眉毛偏浅可轻刷眉粉，如眉毛浓密，也可不用眉粉，只修正眉形。

（六）眼线

使用眼线要里深外浅，靠近睫毛根部。另外，男播音员主持人一般不用打眼影。

（七）腮红

男播音员主持人可用淡点的腮红，使肤色看上去自然健康。

（八）口红

男播音员主持人一般不用口红，只用无色唇釉，使嘴唇显得润泽即可。

人们一直推崇播音员主持人打造自然的裸妆，但是怎样才能把播音员主持人真正的自然美表现出来呢？其实每个人都有自己独特的美，只要把真正的自然美展现出来，那就是最美的（见视频3-2）。

三、播音员主持人造型整体要求

（一）五官端正

由于电视节目是贴近生活的艺术，人们的审美要求播音员主持人声音美、形象美。就美术原理而言，人的面部形象的美感在于：（1）匀称、对称、协调；（2）五官分布符合“黄金分割”“三庭五眼”的规律。

（二）轮廓鲜明

播音员主持人的形象是通过电视屏幕展现在观众面前的，因此化妆要“上镜”，需要注意两个问题：一是整个面部轮廓和五官的轮廓要鲜明；二是面部轮廓的立体感要强。

（三）清新大方

由于电视节目的社会性，为适应大多数观众的审美情趣，化妆造型要大方、得体、自然，而要想达到这种经过提高的“自然”效果，需要运用化妆术精心修饰。

四、不同色调化妆要领

（一）暖色调化妆要领

暖色调化妆采用与肤色相近的米白色或米色作为基础粉底，晕染柔和；眉形要有一定曲度，选用深棕色或棕红色描画，边缘部分要朦胧一些，有亲切感；眼线由外眼角向内眼角逐渐变细，睫毛膏可以用深棕色或黑色；眼影采用棕色、米白色、珊瑚红色等，与服装色彩相呼应，其阴影与亮部对比应适当加强，但一定要处理好过渡部分，使之柔和自然；眼影与鼻侧影也要有机结合，可以用眼影刷上的余粉来晕染鼻侧影，增强妆容的整体感；腮红与眼影、口红选用同色系，如棕红色、珊瑚红色等；唇形要圆润，唇峰柔缓，色调饱满，最好选择不显光泽的粉质口红，如珊瑚红色、朱红色、赭红色等。

（二）冷色调化妆要领

冷色调化妆采用偏白色的基础粉底，用暗色晕染阴影部分；眉形稍细，略带棱角，用深棕色或深灰色描画，略微上挑，表现果断感；眼线与睫毛膏的色调可以选用深蓝色、深紫色；腮红通常选择紫褐色、玫瑰紫色，色调与眼影协调，强调两颊的结构感与立体感；唇峰清晰，色泽明快，如玫瑰粉色、粉紫色、蓝粉色等。

五、化妆常用的矫正方法

（一）脸形矫正性化妆

圆形脸：从外轮廓向内轮廓由深至浅打上阴影色，基础底色柔和，加深颧骨凹陷处的阴影色，塑造脸部立体感；加深鼻侧与眼睑沟的阴影色，用高光色提亮鼻梁，使鼻子挺立；下颌部也可加些高光色，使脸部有加长的感觉。

窄长形脸：在发际边缘与下颌用阴影色，与基础底色自然过渡，从视觉上缩短面部；横向晕染腮红；修饰眼部时，可以适当横向拉长眼睛与眉毛。

上部较宽的脸：如果额头较宽，化妆时可以用较深的粉底修饰额头两侧和发际边缘部分；用略浅的粉底在额头打高光色，两种粉底之间过渡自然柔和。

中部较宽的脸：如果颧骨较突出，化妆时可以在侧发际到颧骨之间打阴影色，腮红掠过颧骨的高点，向下略深，收缩颧骨的突出感。切忌在颧骨下凹陷处涂腮红，因为这样会适得其反。

下部较宽的脸：如果下颌较宽，化妆时可以在下颌处打阴影色，提亮中部，收敛下颌宽度。

下颌较突出的脸：如果下颌较突出，化妆时可以在突出部位打上阴影色，在下巴及嘴角衔接处加些高光色。

下颌较平坦的脸：如果下颌较平坦，化妆时可以在下唇及下颌最下方打上阴影色，并在两者之间打些高光色，与阴影色柔和晕染。

双下巴：如果双下巴较明显，化妆时可以从脸颊向下巴涂些阴影色，直到下巴与颈部交界处，并与基础底色晕染。

（二）眉形矫正性化妆

进行眉形矫正性化妆之前，我们先要了解什么是标准眉形。目前，人们比较统一的审美是：微带2/3转折的形状比较好看，从眉头至眉峰是2/3，眉峰至眉梢是1/3。

眉形杂乱的矫正：根据自己的脸形、眼形、气质等，设计出合适的眉形。先用眉笔画出眉毛的轮廓，再用眉夹拔去轮廓外多余的眉毛。

眉梢下挂的矫正：先描出矫正后的眉形轮廓，眉峰与眉梢稍向上画，眉头可用眉笔一根根描画，再用眉粉按轮廓刷出眉形，边缘部分要柔和自然。

眉梢上斜的矫正：先描出矫正后的眉形轮廓，再在眉的后半部向下补眉毛，用眉粉刷出自然的眉毛。

眉毛过淡的矫正：眉毛淡虽然会影响容貌，却更加容易改造。设计出好看的眉形后，画出轮廓刷眉粉即可。

断眉的矫正：用眉笔补充画出眉形，在断眉处一根根描出眉毛，或用眉粉轻刷，再用眉夹去除多余的眉毛。

（三）眼部矫正性化妆

外眼角上斜：内眼角的上眼线略粗，向外眼角逐渐变细，外眼角的下眼线适当加粗，画至2/3处，但线条不能太粗实。

外眼角下垂：外眼角的上眼线要略高于实际眼角，逐渐向内眼角描画，在1/2处消失。内眼角的下眼线略微向下弯，眼影在外眼角向斜上方晕染，在内眼角下方稍加浅棕色眼影。

肿眼泡：重点是对上眼睑的修饰，方法是从睫毛根部向上打阴影色，突出额骨，使眼眶下陷。

眼睛小：从外眼角向外晕染眼影，在内眼角下部向鼻梁处稍加晕染眼影。

眼距宽：向内眼角描画眼线，在特殊情况下可向内眼角外画出一些，不要向外眼角画。眼影也不要向外眼角晕染，眼窝及鼻侧的阴影色可以向内眼角适当加宽，眉毛之间的距离不能处理得太远。

眼距窄：向外眼角描画眼线，尽可能自然，向内眼角描画到1/2处。眼影向外眼角延伸，眼窝及鼻侧的阴影色略窄。若两眼偏近鼻侧影，只要画鼻梁两侧即可。

（四）鼻子矫正性化妆

矮鼻梁：用浅棕或棕色等阴影色涂抹在内眼窝至鼻梁两侧，鼻梁上部打高光色提亮，通过明暗对比加强立体感。

宽鼻头：用深阴影色晕染鼻头两侧，在鼻尖处用高光色提亮，注意提亮部位要小，突出鼻尖。

（五）嘴部矫正性化妆

嘴唇厚：在原唇的内侧，用比口红色略浅的唇线笔画出新唇形，再用口红与唇线相接。口红不宜选择过浅、过亮或带荧光的色彩，以免增加嘴唇的体积感。

嘴唇薄：用比口红色略深的唇线笔在原唇外画出美观的唇形，再涂抹口红，涂唇内侧时可用稍浅的颜色。

嘴角下垂：先用粉底涂抹嘴唇边缘，再用唇线笔画出新唇线，上唇线略平缓，下唇线在嘴角部分略微上扬，适当提高嘴角的位置。涂抹口红时，嘴角的颜色略深，起到收敛的作用。

思考题

1.如何正确清洁自己的皮肤?

2.主持人造型的整体要求是什么?

3.如何根据自己的脸型调整妆容?

第四章　播音员主持人发型设计

发型设计是一门综合艺术，涉及广泛，影响发型的主要因素有：头型、脸型、五官、体形、年龄、肤色、着装、发质等。主持人应根据出镜要求，了解上述影响因素与发型的设计搭配，以便打造整体和谐、美观的视觉形象。

第一节　头型与发型的搭配

头型与发型搭配得当不但可以使面部产生和谐的效果，而且可以美化主持人的身材比例。头型与发型的搭配方法如表4-1所示。

表4-1　头型与发型的搭配方法

头型大	不宜烫发，最好剪成中长发或长直发，也可以剪出层次，刘海不宜梳得过高，最好能盖住一部分前额
头型小	头发要做得蓬松一些，长发最好烫成蓬松的大卷，但头发不宜留得过长
头型长	两边头发应吹得蓬松，头顶不要吹得过高，应使发型横向发展
头型尖	不宜剪平头，可以剪短发，烫卷，顶部压平一点，两侧头发向后吹卷，使头型呈椭圆形
头型圆	刘海处可以吹得高一点，两侧头发不要遮住面部

图4-1 各种不同发型

第二节 脸型与发型的搭配

脸型与发型的配合十分重要，搭配得当，可以表现主持人的性格、气质，使主持人更具个人魅力。脸型与发型的搭配方法如表4-2所示。

表4-2 脸型与发型的搭配方法

脸 型	特 点	发型搭配
甲字脸	标准脸型	常见发型均可使用
圆形脸	娃娃脸，温柔可爱	常见发型均可使用，注意顶部加高或收紧两侧头发
国字脸	板正、严肃	避免把脸全部露出，尽量侧分刘海，两边头发要有蓬松感，不宜留长直发
方形脸	缺乏柔和感	应选择柔和的发型，可留中长发，脸颊侧面的头发适当卷曲
由字脸	显胖	头发长度超过下巴两厘米为宜，向内卷曲，增加脸部的长度
申字脸	颧骨高、宽	重点修饰颧骨突出的地方，用头发遮挡一下脸颊，把额头附近头发做蓬松

第三节　五官与发型的搭配

发型对主持人的视觉观感有直接影响，如果五官有明显的缺陷，如鼻梁高、鼻梁低、耳朵大、耳朵小、眼距宽、眼距窄等，应在设计发型时设法弥补。鼻梁高的人做发型时，可将头发柔和地梳理在脸的周围，从侧面减少头发与鼻尖的距离；鼻梁低的人应将两侧的头发往后梳，使头发与鼻子距离拉长。耳朵大的人不宜剪平头或太短的发型，应留盖耳的发型，且要蓬松；耳朵小的人不宜夹头发，所以太多、太厚的头发不宜夹在耳朵上。眼距宽的人头发应做得蓬松一点，不宜留长直发；眼距窄的人两侧头发可以做成不对称式。

每个人的脸型都不一样，形象当然也各不相同。有的人给人感觉很文雅，有的人则给人感觉很粗鲁。就算是同龄的人，也有的人看上去很年轻，有的人看上去很老气。我们可以通过以下说明知道自己属于哪一种脸型，然后利用发型进行修饰。

一、内脸型与发型设计

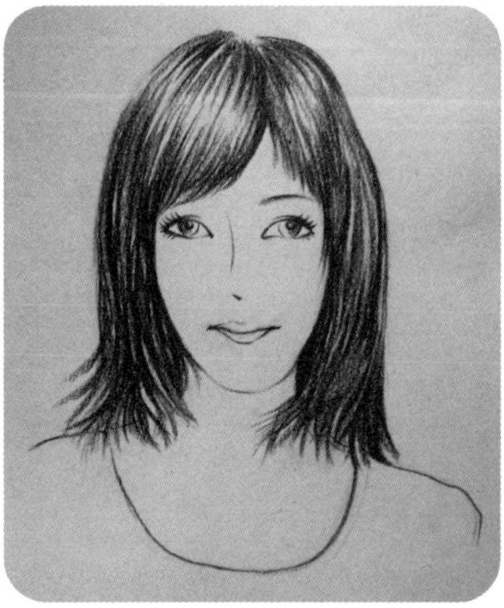

图4-2　内脸型发型设计

内脸型人的五官都朝中间集中，双眼两侧到脸廓的距离长，脸颊面积也较宽大，会让人觉得脸型偏大。这种脸型的人可利用长刘海来修饰脸蛋，将视线焦点移转到脸廓外侧；避免留中分发型，因为这会让五官看上去更加集中。双眼两侧的长刘海要自然披散，再进行斜线修剪，更显自然。两侧发束可往外抓翘，转移视线焦点（见图4-2）。

二、外脸型与发型设计

大多数外脸型人的五官都“往外跑”，给人感觉五官扁平，缺乏立体感。设计发型时可将发尾往内拨，微卷，让五官位置往中心移动，使五官更立体鲜明。刘海长度设计在眼睛上方，提升眼睛的明亮度。两侧蓬蓬的发型轮廓可让五官往中间集中（见图4-3）。

图4-3 外脸型发型设计

三、上脸型与发型设计

上脸型人的五官一般集中在脸的上半部，脸颊到下巴的距离较长，所以可将两侧头发弄蓬，使颈间头发内凹服帖，用发廓线条修饰脸部缺点。刘海放下，遮饰窄额头，可将脸的视觉重心往下移。刘海与两侧头发都往斜拨，可转移视线焦点（见图4-4）。

图4-4 上脸型发型设计

四、下脸型与发型设计

下脸型人的额头较高较宽，五官都集中在脸的下半部。虽然长相可爱，但往往给人孩子气的感觉。发型设计方法是把头顶到眼睛位置的发束抓蓬，将脸的视觉重心往上移；或者将发型修剪出菱形线条，让五官更鲜明，更有成熟感（见图4-5）。

图4-5 下脸型发型设计

图4-6　吊脸型发型设计

五、吊脸型与发型设计

吊脸型人的眉毛、下眼尾、嘴角全部往上吊，会给人凶巴巴的感觉。修饰方法是利用知性的发型和彩妆增添柔美的感觉。可将厚重的刘海斜拨，利用下垂的线条遮饰眼睛上扬的缺点。两侧头发弄蓬，将脸的视觉重心往下移。柔美的波浪卷发可以减少凶巴巴的感觉（见图4-6）。

图4-7　垂脸型发型设计

六、垂脸型与发型设计

垂脸型人的眼睛和脸颊都往下掉，下嘴唇偏厚，给人一脸倦态的感觉，看起来也比实际年龄大。修饰方法是将头顶头发抓蓬，将脸的视觉重心往上移，利用波浪卷发增添律动感与华丽感。厚厚的刘海可让双眸更加有神，大波浪卷发可让面部看上去更年轻（见图4-7）。

第四节 体形与发型的搭配

体形与发型的搭配方法如表4-3所示。

表4-3 体形与发型的搭配方法

体形	发型	举例
瘦长形	身材瘦长的人，脸型、颈部通常也是瘦长的，可以采用两侧蓬松、横向发展的发型	 
肥胖形	肥胖形的人一般脸圆、颈部较短，头发不宜留长，可以采用短发式样，两鬓要服帖，后发际线应修得略尖	 
短小形	短小形的人适合留短发，如留长发，则应扎马尾或是梳成发髻，尽可能把视觉重心向上移	 

续表

体形	发型	举例
高大形	高大形的人不宜留短发，可以根据个人脸型、偏好选择中长发	 
溜肩形	溜肩形的人可以在肩颈部周围将头发吹蓬松，不宜留短发	 

思考题

1.如何选择适合自己的发型?

2.主持人发型和着装、妆面的关系是什么?

3.如何根据自己的体形选择发型?

第五章 播音员主持人服饰搭配

按照国际惯例，主持人在主持节目时，出于礼貌和对观众的尊重，在不同的节目或时间段，要穿与节目相适应的服装。这在我国还没有完全得到重视和推广，但这是我国电视节目走向国际化应该解决的问题。服装的选择对主持人出镜来说是非常重要的。如果服装与主持人风格和节目内容相协调，就能对主持人的形象起到烘托的作用，增加主持人语言表达的感染力，提升主持人的自信。如果没有选对服装，不仅会分散受众的注意力，还会影响主持人的心理状态。那么主持人应该如何挑选服装呢？最重要的原则就是简洁大方。

主持人着装，忌用与背景色反差较大的色彩，忌用同等面积高纯度的互补色。在近距离拍摄主持人的播报和评论类节目中，忌用闪光色或荧光色；在新闻、经济、生活、体育、少儿类节目中，忌穿过于暴露的服装；在娱乐时尚类节目或文艺晚会类节目中，允许适当的裸露，但不能过分。一个主持人的着装风格，应该有基本统一的格调（基调），忌差异太大，今天西装革履，明天又换中式唐装，使受众对主持人形象记忆出现混乱。成熟的主持人的着装风格应该有连贯性和一致性，因为主持人的服装既能体现文化品位、反映精神面貌，也传达着某种微妙的信息。有一种现象值得我们注意：当主持人口头传达的信息与“服饰信息”不一致时，人们会舍弃或忽略口头传达的信息，而去探究服饰隐含的信息。

由于综艺娱乐节目的风靡，主持人的服饰彩色愈加丰富。因此，现代主持人已将传统的色彩搭配概念打破，取而代之的是在对比中找到色彩的新平衡，以便恰到好处地展现出主持人的个性。

第一节　服装造型的仪表美

仪表美之所以吸引人，是因为它将人的内在美与外在美有机地统一在一起，不仅给人以视觉上的享受，而且给人以人格上的尊重。

一、仪表美的概念

仪表美是一个综合概念，它包含的意思有三层：其一，仪表美是指人的容貌、形体、体态的协调优美。容貌的协调是指人的五官端正，形体的协调是指人体外部的线条比例适当，体态的协调是指人的形体在空间运动中流露的姿态、神情大方自然。这是一种自然的美，是仪表美的基础。其二，仪表美是指通过修饰打扮以及后天环境影响产生的美。这是一种创造的美，是仪表美的发展。其三，仪表美是一个人纯朴高尚的内心世界和蓬勃向上的生命力的外在表现。这是一种深层次的美，是仪表美的本质。我们将前两者称为外在美，将后者称为内在美。只有外在美与内在美统一协调，才能展现真正的仪表美。可见，仪表美不仅是躯体的外壳，也反映抽象的心灵，它们互为里表，相得益彰。

二、仪表美的要求

我们讲求仪表美，因为它不仅是一个形象问题，也是一种无声的语言。它体现出对受众的尊重，关系到节目的传播效果。仪表美的具体要求有以下几点。

（一）适体美

适体美，是指一个人的仪表要与他的年龄、体形、肤色、个性、气质、职业、身份等相适宜，展现出一种和谐的美感。如青年人应着力展示青春风采，淡淡的妆饰即可，以体现自然之美和个性之美；中年人应力求突出成熟风韵，妆饰柔和、服饰优雅，以体现成熟之美；老年人则宜追求高雅稳重、深沉理性的睿智之美。不同体形、不同肤色的人应坚持扬长避短的原则，突出体形优点，淡化体形缺陷。个性气质不同的人可以通过化妆、着装展示其个性。另外，职业也是影响仪表的重要因素。人们应根据职业特点选择服饰。如商务人士多选择色彩凝重、沉稳且合体的西装出席活动，因为这样的色彩能在短时间内给人留下权威、理智等气质印象。

（二）整体美

整体美要求我们在修饰仪表时关注妆造的整体效果，使妆饰、着装、佩饰三者统一起来，营造出整体风采。妆饰的整体美是指面部、颈部等化妆色调、化妆线条、化妆质感和化妆风格要给人以美感；着装的整体美是指服装本身的色彩、图案、款式、面料和风格等与人相匹配；佩饰的整体美是指佩戴多种饰品时，它们在色调、光泽、材质、形态、寓意和风格上协调一致。仪表的整体美就是要让所有的修饰达到和谐统一。

（三）适度美

适度美要求我们在修饰仪表时把握分寸、雕而无痕。修饰是为了突出人的外在美及个性气质，而不是本末倒置。过分修饰、刻意装点不仅不能使人产生美感，还会给人留下庸俗的印象。饰品意在点缀，恰到好处的点缀似点睛之笔，如锦上添花，若珠翠满头反而给人轻浮浅薄的感觉。修饰一定要把握好分寸，做到既雕琢又似自然天成。

第二节　播音员主持人服装的类型

在掌握“仪表美”的要求后，我们应学会识别服装款式。服装款式大体上分为礼服、便装、职业装、演出服四大类。

一、礼服

女士礼服通常是连衣裙，材质考究，裙长至脚踝。男士礼服随着社会的发展已由西服代替燕尾服。除此之外，正式的礼服还包括婚礼服、丧礼服等。在我国，中山装、旗袍等也属于礼服范畴。

二、便装

从广义而言，便装即平常穿着的服装。便装根据穿着的环境来划分：一是外出服，如上街购物、散步、见朋友时穿的服装，在很大程度上受流行趋势的影响；二是上班服，往往受到工作环境、工作身份等制约，一般款式比较简洁，给人以端庄、大方之感；三是运动服，即进行各种专业体育运动时穿的服装，如游泳衣、网球服、滑雪服等，也有时装化的运动服，以满足平时锻炼健身的需要；四是旅游服，即旅行郊游时穿的服装，造型简洁、宽松。此外，沙滩服、居家服等也属于便装范畴。

三、职业装

职业装是一种具有象征性、标识性的服装，如军人、警察、海关工作人员、法院工作人员等的服装。此外，还有劳动保护工作服，以标识性、集体性为特征的各种企业制服等。企业制服通常从西装演化而来，具有西装的特点，同时也随着流行趋势不断改变。

四、演出服

演出服即用于表演的各式服装。这类服装款式多样，但不是每款都适合主持人穿着。

主持人的角色属性是新闻工作者、文化工作者，因此在这四大类中，特定的职业装一般情况下是可以排除的，礼服和演出服通常只在大型文艺活动中使用，而便装（经过加工改造）使用的频率最高，有时需要进行特殊设计，服装商也可能无偿提供服装以推广某种款式。总体上说，主持人要根据节目的类型、内容来设计选配服装。

第三节　播音员主持人服装的选择

一、领型的选择

主持人出镜，一般采取的是站姿或坐姿。采取坐姿时，受众的注意力就集中在主持人的上半身，而领型又是最靠近脸部的，具有很强的装饰性和修饰性，因此领型对一个人的形象有很大的影响。主持人一定要根据自己的脸型和脖颈来选择领型，起到美化和修饰的作用。

（一）从脸型看

1. 圆形脸

脸圆的人不适合圆形领，也不适合方形领，前者会使脸更圆，后者由于对比太大也会突出脸圆，所以最好选择V字领、U字领，使圆脸从视觉上看变得修长一些，缩短脸的横向比例（见图5-1）。

图5-1　圆形脸适合的领型

2. 国字脸

国字脸的人不适合过低的方形领、V字领，因为它们会加强脸的方正感，最好选择开口高一些的圆形领或船形领，以增加脸部的横向距离，使脸部显得圆润一些（见图5-2）。

图5-2 国字脸适合的领型

3. 甲字脸

甲字脸的人不建议选择V字领，因为这种线条向下的三角形领会使脸的下部显得更窄，与上半部分形成鲜明的对比，所以甲字脸的人应尽量选择方一些、宽一些、圆一些的领型，使较尖的脸下部显得圆润柔和（见图5-3）。

图5-3 甲字脸适合的领型

4. 申字脸

申字脸的人不宜选择桃心领、方形领、上翻领，否则会使颧骨显得更高、更宽，建议选择一字领或线条较平滑、较舒展的领型，以柔化偏硬的脸部线条（见图5-4）。

图5-4 申字脸适合的领型

5. 由字脸

由字脸的人不宜选择一字领、方形领，否则会增加脸下部的宽度，使脸显得更平、更宽，建议选择U形领，使脸部线条显得圆润柔和（见图5-5）。

图5-5 由字脸适合的领型

6. 方形脸

方形脸的人不要选择一字领、方形领，否则会使脸显得更加呆板和硬朗，可以选择开口稍低一些的桃心领，减少脸部方正、偏短的感觉（见图5-6）。

图5-6　方形脸适合的领型

（二）从脖颈看

1. 脖颈细长

脖颈细长的人可以多穿着高翻的衬衫领、圆形领，还可以在脖颈处系一条与服装颜色搭配的小丝巾，这样不仅可以起到点缀的作用，还能美化细长的脖子（见图5-7）。

图5-7　脖颈细长

2. 脖颈粗短

脖颈粗短的人适合V字领，领口偏大一些的衬衫、T恤。穿衬衫时，上面的2到3颗扣子可以不扣，以便起到拉长、延伸脖颈的视觉作用（见图5-8）。

图5-8 脖颈短粗

二、服装图案的选择

主持人对服装图案的选择也是需要注意的问题。由于电视的扫描行数一般是625条，清晰度不高，精巧的细节不容易展现出来，所以，主持人应选择一些线条简单、清晰度高、颜色较单一的服装，不要选择那些窄条纹、小细格、小碎花，或者由不同颜色形状组成的图案，这些在电视上显现出来都是比较模糊、杂乱、晃眼的，会使主持人干净、简洁、端庄的形象大打折扣。

主持人的着装不能像普通人那样以个人喜好来选择，而要考虑节目的类型和内容、播出的时间和环境，受众不同的文化习惯和文化背景等，还要顾及国际通行的惯例。比如TPO原则：根据Time（时间）、Place（地点）、Object（目的）三个因素来决定穿着。

服装既是一种符号，也是一种文化，当它跨越国界以后，有一些就成为世界共有的文化。比如西装，穿脱方便、美观大方，现在已不再是欧美国家专用的服装了，全世界几乎到处都可以看到穿西装的人。而在长期频繁的国际文化交流中，一些服装色彩搭配、款式设计、饰物配件的使用、特定环境的着装等就成为约定俗成的国际惯例，比如在正式场合要穿正装，非正式场合穿休闲装等。主持人应该懂得并遵守这些着装的国际惯例。

三、服装色彩的选择

对服装色彩的选择是主持人进行形象设计时不可忽略的问题，选择上镜的服装色彩应考虑以下几点因素：

（1）主持人服色与环境色的关系；

（2）主持人服色与嘉宾服色的关系；

（3）主持人服色与自身条件的关系；

（4）主持人服色与节目定位的关系。

不同的色彩会给人不同的心理感受。比如，红色给人热情开朗、积极向上的感觉；粉色给人浪漫、温柔的感觉；橙色给人健康、温暖、活跃的感觉。主持人在选择服装色彩的时候，要考虑一下它的象征意义。比如，主持新闻节目，应该选择沉稳、知性的颜色，像蓝色、灰色、白色等；主持生活节目，可以选择温馨、柔和的颜色，像粉色、绿色等；主持少儿节目，可以选择可爱、活泼的颜色，像黄色、橙色、粉色、红色、绿色等；主持娱乐节目，可以选择活泼、热情的颜色，增强视觉冲击力，像橙色、黄色、红色等。

除了与节目本身的定位契合外，主持人的服装还要与自身的肤色相协调，使自己显得健康、充满活力。如果颜色穿不对，会使自己看起来疲倦、气色不好、没精神。所以，我们平常要多观察自己是穿冷色系好看还是暖色系好看，找到自己适合的颜色。

另外，主持人还要提前了解节目的环境背景以及同场嘉宾的着装情况，防止上镜时出现撞色、撞衫等情况。

对色彩有一定的了解后，我们就要考虑怎样去搭配，简单又不易出错。比较保险的搭配方法是穿同一色相不同色调或者不同色调同一色相的服饰。比如，用不同深浅的蓝色做搭配，或者用同一种明度和彩度的蓝色和红色做搭配，显得既稳重又不失活力。但要注意色彩搭配的比例，否则会给人俗气的感觉。具体来说，主持新闻节目，外面穿一件藏蓝色的小西装，里面穿一件玫瑰红的小背心，从衣领间露出一抹红色，显得动中有静、静中有动；主持生活节目，选择浅紫色的外套配上浅蓝色的小衫，显得亲切温柔，非常具有亲和力；主持少儿节目，可以用绿色的衣服搭配黄色的裙子，或者是图案比较夸张的衣服，显得活泼可爱；主持娱乐节目，用橙色的T恤搭配蓝色的下装，对比度大一些，会使整个人显得活跃醒目。衣物的搭配方法多种多样，平时我们可以多注意电视节目主持人衣物的色彩、款式和搭配，积累一些在镜头前穿着打扮的经验。

第四节　播音员主持人着装策略

坚持“因体制宜”的着装策略是因为人的体形各异，穿衣打扮的习惯也各不相同。对于主持人来说，留意自己体形上的特点和细微变化，用心考虑如何利用服装的选配去修饰或弥补身材、面部的不足之处，也是一种艺术。而“因体制宜”的着装策略就是塑造理想形象的关键之一。

一、不同体形的着装

（一）标准体形着装

体形匀称的人属于标准体形，这类人在选择服装的时候，应以能显出体形美为原则。

（二）肥胖体形着装

肥胖体形的人不宜穿过于宽大或过紧的服装，也不宜穿浅颜色、横条纹、大花形、鲜艳的暖色服装，因为它们都容易给人造成体态臃肿的印象。而合体的竖条纹、深色的服装，加上恰到好处的配饰，可使体形胖的人看上去匀称、协调。

（三）瘦弱体形着装

瘦弱体形的人应尽量穿能提升整体美的服饰。比如瘦弱体形的男性，可以穿肩部略夸张的上衣，穿笔挺、顺直、平整的下装，凸显男性的阳刚之气。瘦弱体形的女性，既不宜穿宽大的衣裙，也不能穿完全合体的服装。因为前者会使人显得更瘦，后者则会赤裸裸地暴露出体形缺陷。这类体形的女性要对服装施以"膨胀法"，但佩戴的饰品可以小一些，起到反衬的作用。略微宽松的衣衫搭配有设计感的佩饰可以取得良好的效果。

二、服装弥补策略

（一）颈部弥补策略

脖子较长的人，为减弱脖子的细长感，可选用立领或缀有蝴蝶结、花边等稍复杂领型的服装。就整体着装形象而言，脖子较长的人的上装不宜过于宽大，下装则不宜过于夸张。

脖子粗短的人适合选择深V领或一字领的服装，它们可以增强颈部的细长感。而高领、紧领口、圆领的服装，容易加粗颈部的线条。另外，肩部装饰夸张也会使人的脖子显粗短，这是我们在选择服装时要注意的。

（二）肩部弥补策略

肩宽，对于男性来说是优点，然而对于女性来说，可能会影响柔美的形象，所以这种体形的女性适合选择深V领或连肩的服装，避免选择鱼嘴领、圆领服装，不宜穿有厚垫肩或肩部有复杂装饰的服装，也不要选择有蓬松袖的服装。总之，一切增加肩宽感的服装都应慎穿。为了从视觉上弥补肩宽的弱点，可以穿着带有扩张感的下装，如鱼尾裙、A字裙、喇叭裤等。

（三）胸部弥补策略

胸部丰满是西方女性的审美标准，虽然经过中西方文化的交流与互动，我们也接受了这种性感美，但对于主持人来说，还是以体现东方女性的含蓄美为宜。所以，胸部丰满的主持人应选择造型简洁、装饰物少的上装，不宜选择前胸有皱褶、口袋或双排扣的，这些都会使胸部显得更加丰满，也不宜穿过于贴合体形的上装，而应选择有一定宽松度的上装。与简洁的上装相比，下装可稍微复杂一点作为表现的重点。

胸部过小的女性，在选择上装时正好与胸部丰满的女性相反，如果选择有皱褶等装饰的上装，下装就应该选择简洁一些的（比如合体的长裙），以免看上去太烦琐。整体的服饰形象应以柔和美为宜。

体形瘦弱的男性一般胸部较窄，为弥补不足，应选择能够增强上身体积感的上衣。

（四）腰部弥补策略

对于女性来说，腰粗是件烦心的事，但是腰的粗细不能单凭腰围来衡量，应该就身高、三围之差等来综合评价。巧妙地选配服装可以化解腰粗的烦恼。这类女性应选择盖住臀部的上衣，或自然连接腰部的连衣裙，不要穿衣长仅至腰部的上衣。此外，碎褶裙也不太适合。

如果腰部过长，就不适合穿长裙、到小腿中部的裙子和过长的外套，因为它们都会使本来就长的腰身显得更长。而穿短夹克或是在腰间系一条宽腰带（腰带颜色与衣服颜色接近），抑或穿高腰的连衣裙，都能从视觉上拉长腿部线条。

（五）臀部弥补策略

臀部过大或过翘者，不应穿臀、腿紧绷的服装，长度仅抵腰部的上衣及百褶裙也应少穿，因为它们会使臀部显得更大或更翘，而盖住臀部的上衣或直筒连衣裙则可减弱这些感觉。

（六）腿部弥补策略

对于男主持人来说，腿的粗细对造型影响不大，因为他们一般不会穿着短裤主持节目。但是对于女主持人来说，就得考虑如何用服装来掩饰腿部的不足。腿粗者不宜穿着及膝或刚刚盖过膝盖的裙子，瘦腿裤也应少穿，推荐穿着长及足踝的裙子或裤管宽松的长裤。

（七）臂部弥补策略

双臂粗短的人不宜选择无袖、吊带服装，泡泡袖服装也应尽量避免。

人的体形多种多样，由于篇幅所限，这里不可能全面阐述，但是只要正视自己体形的弱点，通过服装是可以有针对性地进行改善的。当然，塑造主持人形象的时候，不能只从服装造型方面来考虑，还应考虑肤色、妆色与服装的关系，面料纹样的选用，面料的质感等。只有从整体上考虑造型设计，才能提升形象的美感。

第五节　服装色彩感觉

一、服装色彩的冷暖感

冷色调与暖色调在人们脑海中的感觉是相对的，冷色调一般指蓝色、绿色等，而暖色调多指红色、橙色等。一般来讲，明度（色彩明暗变化的程度）越高，给人的冷暖感受越明显。比如同样是红色，浅红、粉红等与大红、桃红相比，就显得不那么温暖了。

二、服装色彩的轻重感

明亮的颜色有轻量感，呈上升趋势；暗沉的颜色有沉重感，呈下垂趋势。比如浅色给人一种清爽飘逸感，深色则给人一种厚重感。人们平时着装，讲究上浅下深或上深下浅，就是色彩的轻重感作用于人们心理的结果。

三、服装色彩的远近感

颜色分为前进色（也称“膨胀色”）和后退色（也称“收缩色”）两大类。一般来讲，明亮的颜色，如白色、浅粉、浅蓝、浅绿等有一种前进感，好像在近处；而暗沉的颜色，如深红、深蓝、黑色等有一种后退感，好像在远处。一般情况下，暖色调看起来近，冷色调看起来远。

四、服装色彩的大小感

与远近感相同，前进色显得大，后退色显得小。如果利用好色彩的远近感、大小感，体形胖的人可以从视觉上达到收缩体形的目的。这就是为什么我们常说，胖人最好不要穿浅色（如白色）或鲜艳的暖色（如红色）服装的原因，因为它们会使人看上去更臃肿。

五、服装色彩的软硬感

一般情况下，明亮的颜色给人感觉软，暗沉的颜色给人感觉硬。同样是绿色，浅绿色、亮绿色呈软感，而深绿色则呈硬感。

以上是按照色彩心理学的感觉分类法列出的有关内容。必须指出，这些感觉不是绝对的，因为除了色彩外，服装的感觉还与面料的质感、面积、图案等有关。

第六节 服装风格定位

服装的风格是一种模糊的统觉语言，是视觉在人们心中的一种反映，包含着丰富的社会生活体验和人类文化艺术的沉淀。

风格既是无形的，也是有形的。说它无形，是由于它很难用准确的词语下定义，没有固定的模式，即使有模式，也是相对的；说它有形，是因为风格需要用有形的物来表现。对于主持人来说，塑造形象风格的物，主要就是服装。主持人要把握好服装款式与形象风格的关系，使自己的形象与节目相得益彰。

一、端庄典雅的风格

端庄典雅的风格，给人优雅、庄重、落落大方，甚至古典的感觉。剪裁合体、用料考究、做工精巧、承袭传统造型的西装和尽显女性曲线美的旗袍或拖地长裙都可以呈现出这种风格。

端庄典雅多指形式或风格优美不俗，典与雅相互依存、相辅相成，使形式之美有章可循，在视觉效果上呈现出恬淡高雅的状态。典雅凌驾于精致之上。精致是将各个艺术元素排列组合之后，形成合乎审美规律的表现形式。而典雅更注重在精致的基础上，将各个艺术元素合理搭配，使之成为一种经典，成为人们追求的一种时尚，得到人们的赏识。它们两者都是审美的集合体，是人们对美的不同方面的认识与理解。典雅通过整体的造型设计来完成高贵气质的表达。因此，如果要塑造端庄典雅的形象，就要在色彩及线面的处理上时刻注意作品的统一性与完整性（见图5-9）。

图5-9 端庄典雅的风格

二、成熟稳重的风格

成熟稳重的风格，给人大气、干净利落、值得信赖的感觉。工艺讲究、剪裁合体、款式简洁、细节精致的深色西装、长裙、套装都可以呈现出这种风格（见图5-10）。

图5-10　成熟稳重的风格

三、活泼随意的风格

活泼随意的风格，给人轻松、自由、休闲、生机勃勃的感觉。T恤、夹克配休闲裤、牛仔裤，T恤、卫衣、开衫配A字裙、七分裤、八分裤，高领毛衫配修身的直筒裤、阔腿裤，都可以展现这种风格（见图5-11）。另外，带有卡通形象或横竖条纹的时装化运动装，也给人轻松活泼的感觉。

各种艺术语言相互编织、相互搭配，构成动静融洽、富有生命力的艺术形态。洒脱的设计，通过点、线、面、体等元素组合，表达设计者的审美体验与艺术风格。它遨游在心灵体验与表现之中，游走在理性与感性认识之间，是设计师感官与欣赏者心灵互通的情感宣言。

图5-11　活泼随意的风格

四、时尚风格

时尚风格没有固定的搭配原则，有些甚至是反传统的创意风格，服装款式

图5-12 时尚风格

图5-13 多层式着装

随着流行节拍而变化。

总体来说，服装的款式多种多样，人们在穿着时要考虑到服装与环境、行为目的的关系。比如去应聘或洽谈生意，一般不能穿过于暴露、性感的服装，而要选择得体、大方、简洁的服装。普通人选择服装都很注意，主持人就更要讲究了。主持人作为一种媒介形象，通过衣着释放的无声语言潜在地影响着受众的审美和评价。因此主持人应对服装款式类型有所了解，以满足节目的需要和受众的期待（见图5-12）。

五、不同形式着装

（一）多层式着装

多层式着装即采用多层次搭配着装，是通过服装的层叠和长度的搭配，使整体造型更加富有层次感。比如上身穿中长外衣、衬衫，衬衫里穿短背心，下面配裙子或裤子；上身穿短开衫，内搭连衣裙等。无论怎样搭配，目的是给人的视觉造成一种多层次冲击（见图5-13）。

（二）洛克式着装

洛克式着装通常以瘦腿裤、皮夹克、长筒靴为组合，给人一种干练、潇洒的感觉（见图5-14）。

图5-14　洛克式着装

（三）佳力索式着装

佳力索式着装因西印度群岛土著人跳舞时即兴演唱的歌曲——佳力索而得名，通常以八分裤、V形领印花图案衬衫为组合。穿着时，衬衫下摆被随意一系，显得自由洒脱（见图5-15）。

图5-15　佳力索式着装

（四）东方式着装

东方式着装专指具有中华民族特色的服装，如旗袍、中式上装等。它们一般都会经过一定的改良，比如用东方设计结合西方服装结构特点。虽然东方式着装的款式和制作工艺与传统中式服装有明显不同，但依然能让人感觉到中华民族服装的精神内蕴（见图5-16）。

图5-16　东方式着装

（五）可爱式着装

可爱式着装不强调人体的曲线美，比如印有卡通形象的运动装，或是特制的有卡通玩偶的服装。总之，可爱式着装会给人活泼、稚嫩之感（见图5-17）。

图5-17　可爱式着装

（六）运动式着装

运动式着装通常是时装化运动装配运动鞋，或T恤配休闲裤、宽松的毛衣配牛仔裤，等等（见图5–18）。

图5–18　运动式着装

（七）西部式着装

西部式着装源自美国西部牛仔服饰，通常是一身牛仔装，或是圆摆衬衫与牛仔裤搭配（见图5–19）。

图5–19　西部式着装

（八）都市化着装

都市化着装通常是剪裁合身的套装，款式简洁、干净利落，色彩趋于中性色调，给人优雅、大方的感觉（见图5-20）。

图5-20　都市化着装

以上几种着装风格有的适用于新闻节目，如都市化着装；有的适用于少儿节目，如可爱式着装；有的适用于娱乐节目，如洛克式着装；有的适用于旅游节目，如运动式着装、佳力索式着装，等等。当然，这些着装风格在节目中不是唯一的，每种节目至少要有一种着装风格与其相配，有的可能有两种甚至三种。

思考题

1.试分析主持人的穿衣风格。

2.请谈谈主持人服装颜色的特点。

3.如何做到适度美？

4.请分析自己适合哪种穿衣风格。

第六章　播音员主持人分类造型要点

以工作职责范围及工作形态为依据，主持人大致可分为四种类型：独立型、单一型、参与型和主导型。独立型主持人可以独立地承担整个节目的采、写、编、播等各个环节的工作，几乎是节目的唯一制作人；单一型主持人主要从事话筒前的再创作——播音工作；参与型主持人参与节目的采、写、编、播等各个环节，与其他编辑、记者共同完成节目制作；主导型主持人是节目的灵魂和标志，他既是主持人，同时也是节目组的指挥者或领导。在我国，较为常见的是单一型主持人和参与型主持人。

俞虹在《节目主持人通论》一书中，按节目内容性质把主持人分为五类：新闻、评论节目主持人，综艺、娱乐节目主持人，教育、服务节目主持人，体育竞技类节目主持人以及少儿节目主持人。

陈京生在《电视播音与主持》一书中，从社会职业角度将主持人分为五类：（1）权威型；（2）记者型；（3）教师型；（4）朋友型；（5）表演型。

（1）权威型。这种类型的主持人的特点是表情严肃、外表端庄、声音沉稳，体态语言较少。权威型主持人常给人正襟危坐的感觉，适合播报新闻节目。他们播报的内容多为国内外重大时事，涉及政治、经济、军事等严肃话题。他们还常常代表官方发布重要文件或通告。这类主持人更接近传统意义上的播音员。

（2）记者型。这种类型的主持人可能并未受过专业的播音训练，节目对他们的外形要求也不高，强调的是广泛的知识背景、敏捷的反应能力、良好的现场组织能力与即兴表达能力。记者型主持人力求用诚恳的态度与专业的分析增强节目的可信度，因而语言与动作都较为朴实、自然。

（3）教师型。这种类型的主持人大多外形和善、表情诚恳、态度和蔼，常在知识含量较高的节目中出现。循循善诱、耐心引导、充满自信是他们的特点，往往体现出较好的个人修养与知识积累。

（4）朋友型。这种类型的主持人随和而健谈，语言与表情都较为轻松自然，擅长即兴发挥，能够与受众一起就各式各样的话题进行讨论，营造出亲人、朋友之间的亲近感。朋友型主持人善于倾听、善于提问、善于总结，同时具有快速的反应能力与较强的控场能力。

（5）表演型。这种类型的主持人多见于综艺娱乐类节目。他们外形较好，表演能力较强，表情丰富、反应灵敏，还具有一定的幽默感。

第一节　主持人形象塑造要点

一、新闻类节目主持人形象塑造要点

新闻类节目必须遵循新闻的传播规律，准确传播信息，发挥舆论引导的功能，确保新闻的真实性、权威性和实效性。这就要求新闻类节目主持人衣着色调简单明快，以严谨、端庄、朴实的风格为主，任何夸张的修饰都会影响节目的公正性和可信度。如中央电视台的《新闻联播》《焦点访谈》等节目，男主持人通常穿着深色西装，系领带，女主持人以中性色的职业套装为主。新闻类节目的男主持人化妆应该以表现男性气质为主，过于夸张的修饰会使男主持人的形象带有脂粉气；新闻类节目的女主持人化妆应该以自然、写实的风格为主，宜淡不宜浓（见图6-1、图6-2）。

女主持人化妆造型强调端庄、大气，使节目具有可信度与亲和力。如去乡村采访，考虑到四周的环境和采访对象与主持人的协调性，女主持人

图6-1 新闻类节目男主持人

图6-2 新闻类节目女主持人

可化一点淡妆或生活妆，但要避免浓妆艳抹。在服装方面，要选择端庄大方的职业装、裙装等，忌穿艳丽、华贵的服装。色彩上不宜选用纯度和明度高的颜色，如鲜红、翠绿、柠檬黄等，应选择纯度和明度低一些的颜色，如深蓝、蓝灰、紫灰等。这类颜色给人冷静沉着、典雅秀丽的感觉。

男主持人化妆造型强调展现男性的力度和阳刚之气，发型应整齐、简洁、自然，重点是肤色健康、鼻梁挺直，眉形和唇形有棱角，不宜搭配过于夸张的配饰。服饰以西装为主，衬衫的颜色最好是白色的，衬衫袖比西装袖长1—2厘米，衬衫领略高一点。领带是服装的点缀，因此，领带的颜色和图案的选择也要恰到好处，注意整体搭配。

二、生活服务类节目主持人形象塑造要点

生活服务类节目关乎百姓的日常生活，侧重为民服务，节目形式轻松活泼，所以主持人的着装更趋于生活化。如中央广播电视总台的《生活家》，是一档由男女主持人共同主持的生活服务类节目，主持人的服饰在色彩的选择上更明亮、更柔和、更大胆。男主持人摒弃传统的白衬衣，而选择淡

蓝、浅绿、粉色的衬衣，再搭配相应的领带；女主持人则以休闲的套装为主，看似简单随意的着装，实则是精心搭配的结果。男女主持人服饰的协调、统一给节目增添了浓厚的生活气息。生活服务类节目主持人在造型上应该追求自然，发型不要选择过于隆重的盘发，化妆以淡妆为主，与人们生活中常见的妆容一致，这样显得清新活泼，要避免矫揉造作和过分夸张的造型，使主持人更具有亲和力（见图6-3—图6-6）。

图6-3　生活服务类节目主持人妆造一

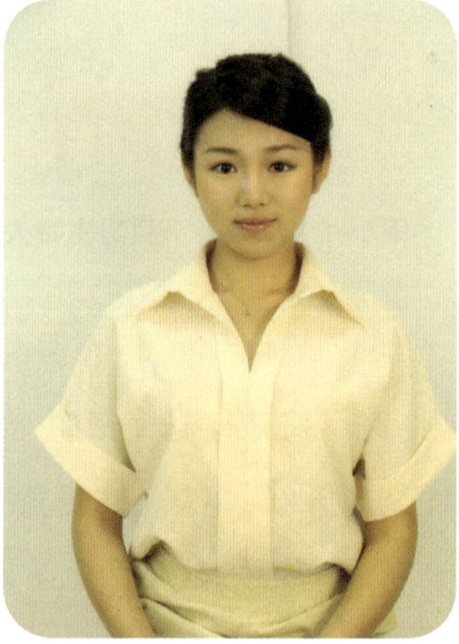

图6-4　生活服务类节目主持人妆造二

图6-5　生活服务类节目主持人妆造三

图6-6　生活服务类节目主持人妆造四

生活服务类节目主持人面对的是普通人，因此整个造型要使观众感到亲切、自然、大方，像身边的朋友一样。比如经典的生活服务类节目《为您服务》的主持人肖薇经常以微卷的短发、朴素的妆容示人，配上暖色系衬衣、休闲式西装、毛衣等，很好地契合了节目的主题，给观众一种温馨与亲切感。

如果是电视购物节目，主持人造型可大胆些。因为主持人要向观众传递最新的商品信息，标志着时尚生活新潮流，但注意不可以让观众有浮夸的感觉。

三、综艺娱乐类节目主持人形象塑造要点

综艺娱乐类节目突出的是“娱乐”功能，节目主持人的整体造型本身就是一个看点，观众可以通过主持人了解流行趋势，有的观众还会模仿主持人的穿着打扮，因此综艺娱乐类节目主持人在着装上更讲究时尚，以展现主持人靓丽、青春的外形。综艺娱乐类节目主持人在化妆上可以适当夸张一些，发型和服装也可以多一些变化，但注意不能媚俗（见图6-7）。因为毕竟是电视节目主持人，观众的年龄段和审美都不同，要考虑大多数人能不能接受、欣不欣赏。综艺娱乐类节目主持人在仪表上要讲究自然、舒展。良好的体态和自然舒展的神情，既能表情达意，又能使观众赏心悦目。

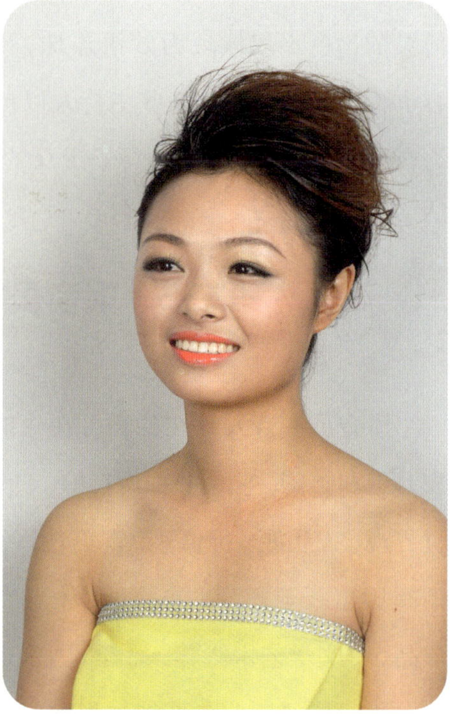

图6-7 综艺娱乐类节目主持人

综艺娱乐类节目主持人在妆面

上可以大胆地运用时尚流行色彩，如蓝、灰、金棕色等；在眼影上可以选用一些比较亮的色彩，如玫红、粉红、绿色、蓝色、紫色等；在发型和服装上也可以多一些变化和时尚感，但要把握一个度，不能过于夸张。

综艺娱乐类节目主持人在服装造型上可以活泼点，根据节目的需要结合当下的流行趋势，给人带来轻松、时尚的感觉。如在湖南卫视综艺娱乐节目《你好星期六》中，青春靓丽的主持群根据每期节目不同的主题设计整体造型。他们的服装通常是同色系，有时是生机勃勃的绿色，有时是热情活泼的红色，有时是温暖可爱的黄色，等等。但是在款式上，节目根据每个主持人的特点会有一些变化，看上去既统一协调又各具特点。

现在的观众越来越喜欢有个性的节目主持人，要想得到观众的认同，主持人的形象和个性魅力缺一不可。回看那些优秀的、深入人心的综艺娱乐类节目主持人，无一不是化妆造型独特、个性十足、幽默搞笑的典范。如央视主持人撒贝宁，给人留下了沉稳又不失活泼的印象；湖南卫视主持人何炅的出色不仅体现为妙语连珠，诙谐机智的主持风格、富有亲和力的笑容也为他增色不少。这些主持人以自己独特的形象、主持风格以及个性魅力在屏幕上各领风骚，赢得了观众的认可。

第二节　播音员主持人的内在素养

播音员主持人外在的美可在短时间内打造出来，但内在素养却要靠日积月累和熏陶。它是一种内在的、自觉的精神品格，是播音员主持人独特的世界观、人生观、价值观、审美观以及文化修养的体现。播音员主持人生活的阅历蕴藏于言谈举止之间，体现在气质和价值取向上。要提高自己的气质品位、文学艺术修养，播音员主持人就要不断地学习、不断地创新。

播音员主持人在采访过程中可能会遇到各行各业的人，因此除了在采访前做好认真准备外，平时也要注意涉猎广博的知识。播音员主持人不仅是节目的重要角色，而且是节目的纽带甚至是灵魂。播音员主持人控制着整个节目的流程，要用理性的观察和思考来把握节目的方向和尺度。与嘉宾的沟通技巧、面对突发事件的临场反应，都考验着播音员主持人的内在素养和平时积累。

随着专业角色的确立和提升，播音员主持人的社会影响力也越来越大。由于职业的特殊性质，播音员主持人比一般职业者对社会的影响更直接、更广泛，因此播音员主持人应具有强烈的社会责任感和自律性，不负职业的使命。有学者指出："所谓人文意义的传播，就是播音员主持人通过自己的职业行为，传导出对人的尊重以及对人的本质、利益、需要、价值的关注，使自己成为一个人文意义上的播音员主持人。""人文精神"主要体现为知识分子的一种生存和思维状态，它是对人的价值、人的意义的关注，是对人类命运、人类痛苦之解脱的思考与探索。人文精神对播音员主持人职业的优化具有特殊意义。播音员主持人在工作时，要注意体现对受众的关怀，这也体现出"以受众为中心"的传播理念。

楚天电台城市之声的《事事关心》之所以成为听众喜爱的新闻节目，除了节目定位准确、信息丰富、节奏明快等原因外，主持人汪碧芬功不可没。她在《谈谈"说"新闻》一文中坦言，"主持人不要忽视自己是自然人、社会人这一事实，要做普通人。做普通人的实质是尊重听众、尊重与自己的主持行为相关的每个人。做普通人的根本就是像普通人那样去关注人的本质、利益、需要和价值，关心人的发展、状态、喜好和命运。"可见，主持人要实现人文传播，首先要将传播视角从俯视转向平视，那种高高在上的、强加的、说教式的传播方式必将引发受众的厌恶与反感。在受众占据主动权的今天，大众传媒如不转变传播观念，势必导致受众的流失。主持人要保持一颗平常心，在生活中不要居高自傲、目中无人，在镜头前要努力与受众平等交流，给人以真实、亲切、朴实、随和的感觉，缩短与受众之间的距离。

其次，主持人要有强烈的社会责任感与正义感。这种力量越强，节目效果就越好。美国哥伦比亚广播公司的爱德华·默罗冒着被德国飞机炸死的危险，于1940年8月18日开始播送现场广播《这里是伦敦》，对民众产生了极大的震撼力量。他之所以能征服听众，主要原因就是具有强烈的人文精神。

播音员主持人的人文传播不是一朝一夕就能实现的，它有赖于传媒理念的变革。播音员主持人应首先从自我做起，充分发挥职业意识，做一个影响人的“人”。

另外，播音员主持人形象在很大程度上代表着媒体形象，但播音员主持人形象不等同于媒体形象。媒体形象包含的内容很多，如媒体文化形象、媒体服务形象、媒体标识形象等，播音员主持人形象只是媒体形象最具有代表性的一部分，它是媒体形象人格化的体现。播音员主持人的出现使大众传播从“媒介—人”的传播模式转化为“媒介—主持人—人”的传播模式，从而生成一种新的人际传播关系。从这个意义上说，播音员主持人形象是媒介形象的人格化。播音员主持人离开话筒，走下屏幕，就是一个普通人，这虽然是本色的，但其生活形象也会影响到其媒体形象。

思考题

1.如何理解“播音员主持人形象塑造必须秉承节目定位”？

2.播音员主持人如何运用色彩的情感特征打造自身形象？

3.简述新闻类节目主持人形象塑造要点。

4.简述生活服务类节目主持人形象塑造要点。

5.简述综艺娱乐类节目主持人形象塑造要点。

6.如何提高自己的内在素养？

第七章　新闻类节目主持人形象设计

第一节　新闻类节目主持人形象设计基本原理

一、设计目的

如今，新闻类节目已成为各大电视台的标准化节目，主持人形象设计存在单一化的问题。通过改变设计方法，我们可以解决这一问题，使新闻节目各具特点，吸引更多受众。各个部门之间通过相互协作，使新闻类节目主持人形象更好地呈现出来。

二、设计意义

根据新闻类节目内容的不同，调整主持人形象设计，有利于突出新闻类节目的特点，使其更具有针对性、指向性。

另外，新闻类节目一般是日播节目，对主持人形象进行有针对性的设计，有利于节目统一、连贯的播出，使主持人形象波动降到最低，加深受众对主持人的印象。

三、设计的方法及过程

（一）设计调研的方法

系统地对国内外新闻类节目进行调研，包括中央广播电视总台与省级卫视新闻类节目，通过文字、图片、视频、录音等，对本电视台新闻类节目主持人与其他电视台新闻类节目主持人进行多角度的分析、比较，总结他们之间的共性与个性，为本电视台新闻类节目主持人形象确定设计方向。

（二）设计研究的过程

在主持人形象设计之初，设计师根据调研结果，结合节目需求、主持人需求、观众需求等，确定主持人形象设计方案，在各个部门的配合下进行实践，调整并最终确定方案，形成标准化形象设计方案。

第二节　新闻类节目主持人形象设计元素与风格

一、概述

新闻类节目主持人主要有坐播和站播两种主持方式。坐播比较正式，一般以中近景为主；站播相对轻松，以中景和全景为主（见图7-1）。设计时，要考虑主持人的服装、发型和妆容，还要考虑灯光、导播台调色、摄像光圈等对主持人形象的影响。

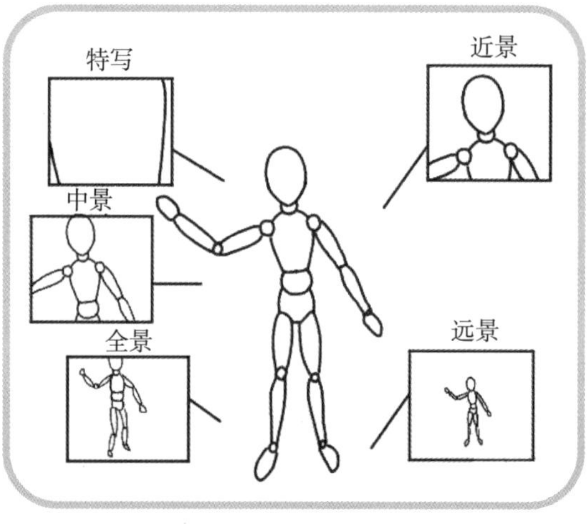

图7-1　常见景别

二、化妆设计

新闻类节目主持人整体形象设计要求简洁、大方、高雅、成熟。

（一）灯光型化妆（演播室）

在演播室中，受灯光、布景等影响，女主持人化妆时需要以“微重彩修饰”为主，这样呈现出来的效果自然、端庄。如果用“淡彩修饰”的方法化妆，从荧屏看上去面部就会显得轻薄。男主持人化妆以自然、写实为原则，突出男性气质。

（二）日光型化妆（外景）

在外景主持中，由于自然光是不断变化的，所以女主持人用“淡彩修饰”的方法化妆比较合适，这样呈现出来的效果自然、清新。男主持人可以少化甚至不化妆，以增强节目的现场感和真实感。

三、发型设计

（一）灯光型发型（演播室）

在演播室中，发型需要根据主持人自身特点进行设计，总体要求是端庄、大气，与脸型、服装等协调，发色要求黑色或者自然棕色。如戴假发，应自然得体。

（二）日光型发型（外景）

在外景采访中，女主持人发型应自然、清爽，短发、中长发、马尾比较合适，切忌发型凌乱，太过随意。如采访场合无特殊要求，切勿戴帽子。男主持人发型可选择侧分、寸头等。露耳会让整体形象显得干练、有精气神。

常见的发型设计如图7-2所示。

图7-2　常见的发型设计

四、服装设计

服装对新闻类节目主持人整体形象的影响非常大，不同的新闻类型对应不同的服装款式、色彩、材质（面料）。另外，服装的每个细节都有自己的视觉语汇，主持人应根据服装的视觉语汇，有针对性地选择服装，提升自己的整体形象。

服装设计三要素分别是款式、色彩、材质。下面对这三要素进行详细分析。

（一）款式

新闻类节目主持人服装款式一般具有固定性，变化不是很大，以正式服装为主，领型、衣型以直角为主，体现一种睿智、理性的感觉。男主持人一般选择西装、衬衫、西裤、领带。女主持人一般选择西装、衬衫、连衣裙、长裤、高跟鞋、胸针。不同款式的西服如图7–3所示，不同款式的领型和袖口如图7–4所示。新闻类节目主持人常见穿搭如图7–5所示。

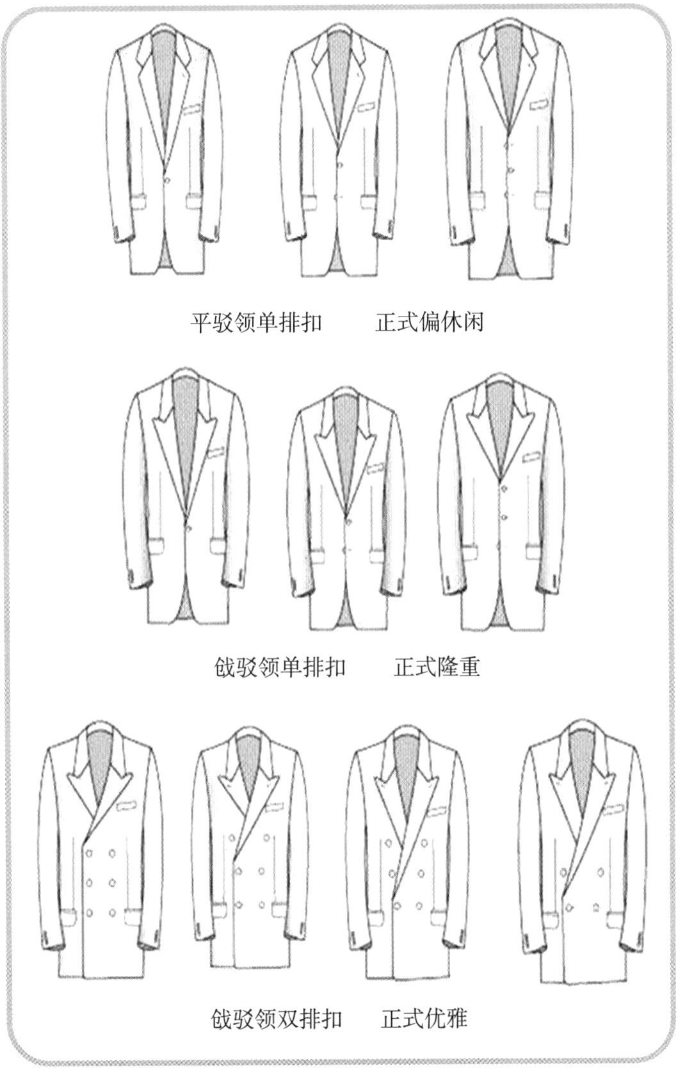

图7–3　不同款式的西服

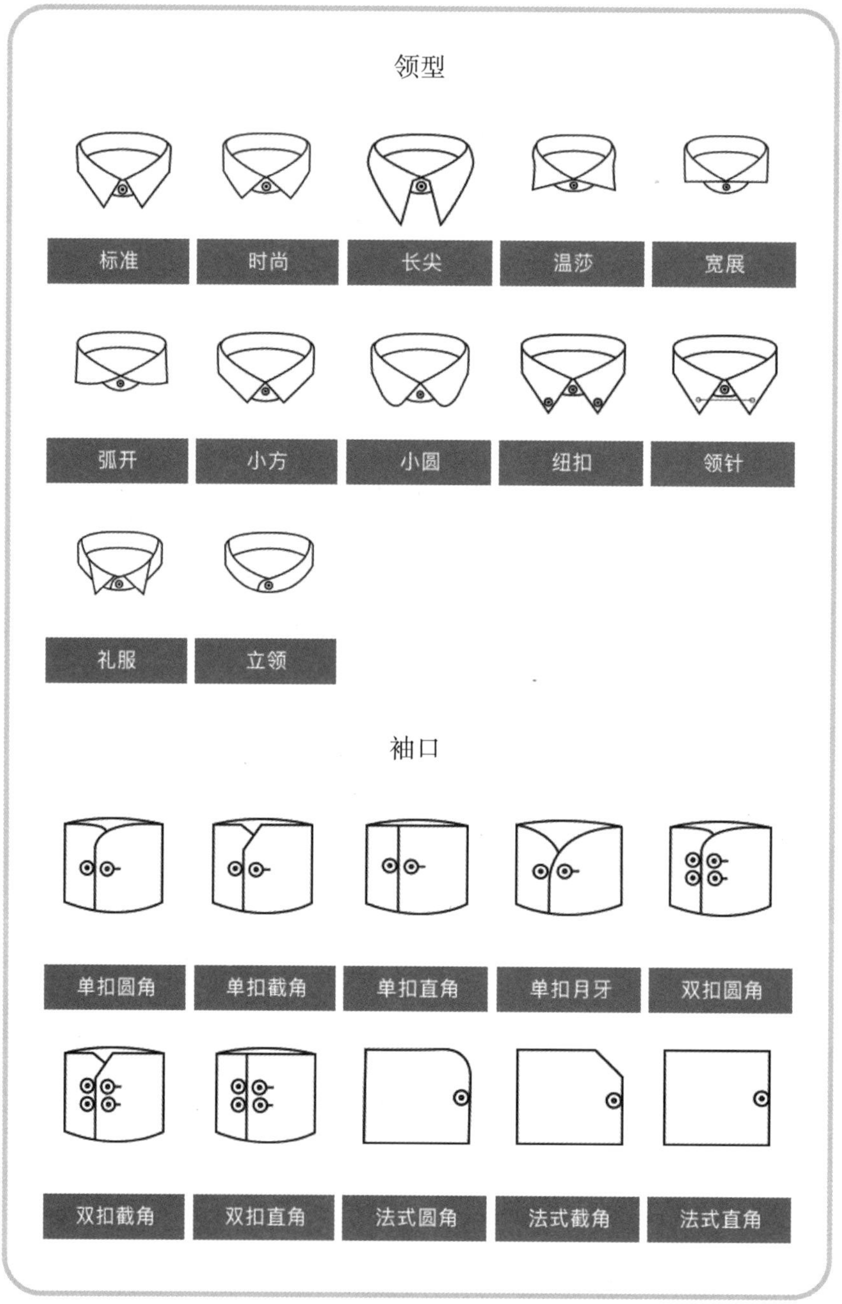

图7-4　不同款式的领型和袖口

图7-5　新闻类节目主持人常见穿搭

（二）色彩

新闻类节目主持人服装色彩是荧屏色彩的重要组成部分，与屏幕中的环境色、肤色、发色等共同构成视觉美感。因此，选择正确的服装色彩，有助于主持人形象的提升。

我们可以根据时间、地点、场合选择合适的色彩搭配方案。例如，河北广播电视台新闻类节目根据一年四季的灵感为主持人进行色彩搭配。

1. 春夏服装色彩

一年之计在于春，春季是万物复苏的季节，穿着绿色服装给人一种充满希望的感觉。紧随其后的是百花盛开、枝繁叶茂的夏季。夏季温度较高，人们心情会变得烦躁，而蓝色会给人一种清爽、镇定的感受，所以在春夏，主持人服装色彩一般以冷色调为主（见图7-6）。

图7-6　春夏服装色彩

2. 秋冬服装色彩

秋季是收获的季节，黄色是秋天的代表色。冬季寒冷，而红色、粉色给人一种温暖、亲和的感觉，所以在秋冬，主持人服装色彩一般以暖色调为主（见图7-7）。

图7-7　秋冬服装色彩

3. 节日服装色彩

节日充满了吉祥、欢乐的氛围，用对比色来烘托节日氛围，会给人一种兴奋的视觉感受。当然，我们也可以根据节日的特性选择服装色彩，比如，植树节可选择和绿色有关的服装色彩，春节可选择和红色有关的服装色彩。这些都是根据节日特性选择服装色彩的基本方式（见图7-8）。

图7-8 节日服装色彩

总体来说，新闻类节目男主持人在搭配衬衫、领带时，可选择邻近色。衬衫纯色，领带选择宽条纹；衬衫条纹，领带选择纯色。女主持人服装色彩选择空间较大，若犹豫不定时，可用纯色搭配黑白灰来中和色彩的特性。

（三）材质

材质方面：春夏一般选择偏薄的面料，秋冬选择微厚的面料，体现季节性；以舒适、有挺阔感的面料为主，突出新闻类节目的正式性、权威性，因为挺阔的面料具有理性、公正的视觉特性。不宜选择质地过于光滑的面料，否则由于面料反光，影响荧屏色彩还原，给观众不舒服的感觉，不易产生清晰的美感。

（四）演播室灯光、布景等设计

除了上述服装设计三要素外，演播室灯光、布景对新闻类节目主持人形象设计也有很大影响，利用好灯光和布景，可以提升主持人形象。

演播室常见的灯有四种：三基色灯、聚光灯、散光灯、LED灯（见图7-9）。三基色灯与聚光灯一般用于面光与逆光，散光灯照明面积大，LED灯光效高，是未来发展趋势。面光可以提亮肤色，打在服装上可以提升面料的质感；逆光可以增加主持人造型的立体感；散光可以去掉阴影，烘托演播室氛围（见图7-10）。

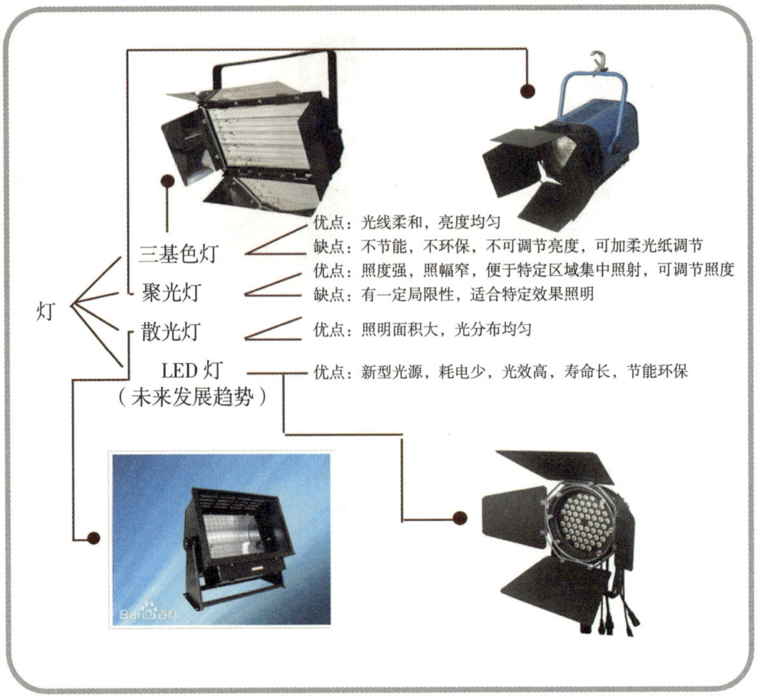

图7-9　演播室灯类型

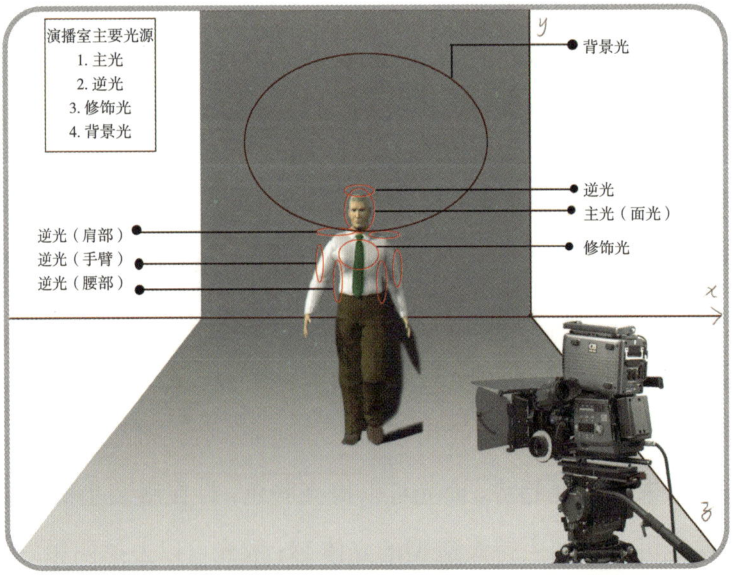

图7-10　不同光源效果

图7–11为演播室灯光场景平面图，导播应根据主持人的站位调整灯光。由于虚拟演播区存在蓝布和绿布，所以主持人服装不宜穿蓝色与绿色，否则蓝色和绿色部分可能被抠掉。摄像机机位要调整与主持人的距离，并和灯光配合，调整光圈。导播台要根据主持人面部妆容和服装色彩调整颜色，使主持人面部变得红润自然。这样多个岗位通过协同努力，最终打造出上镜的主持人形象。

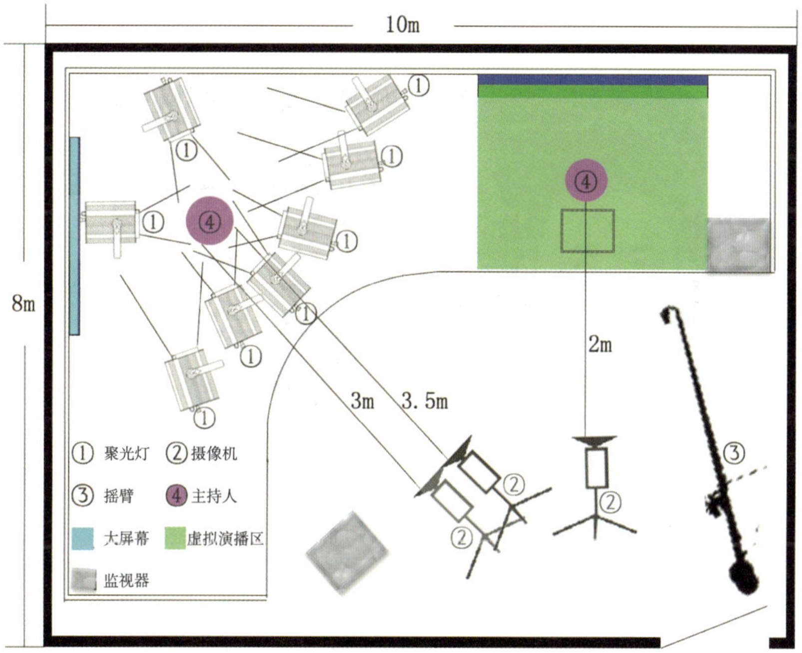

图7–11 演播室灯光场景平面图

在演播室中，常见的色温有2900K、4300K、5000K三种。低色温2900K呈现出的效果清新透亮，适合年轻、时尚的节目类型，高色温4300K、5000K呈现出的效果成熟稳重，更适合新闻类节目（见图7–12）。不同的导播台加色处理也会呈现出不同的效果。以色温4300K为例，加1红和加2红再与原图对比，呈现出不同的红润感（见图7–13）。因此不同节目应根据自身需求，对灯光进行调节，目的是提升主持人整体形象塑造。

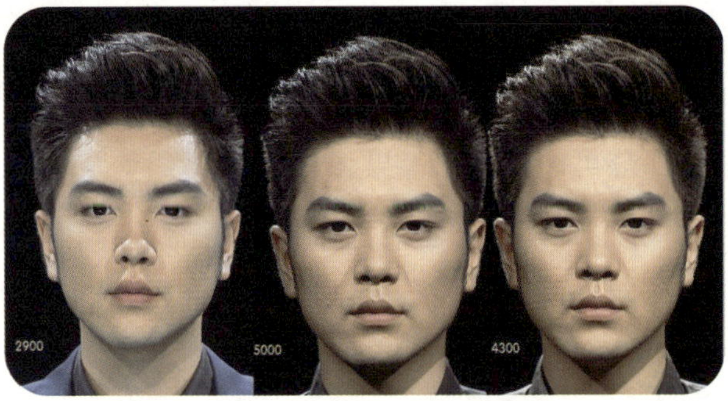

图7-12　不同色温主持人面部对比

图7-13　主持人面部灯光加红对比

新闻类节目主持人化妆造型见视频7-1。

五、主持人形象与场合

（一）演播室出镜

新闻类节目主持人在演播室出镜通常有坐播和站播两种方式，着装较正式。

1. 坐播

男：西装、衬衫、西裤、领带；

女：西装、衬衫、半身裙（裤）、胸针。

2. 站播

男：西装或马甲、衬衫、西裤、领带；

女：西装、衬衫、半身裙（裤）、包身连衣裙、胸针。

西装一般以戗驳领和平驳领为主，戗驳领的视觉语汇是正式、隆重，平驳领偏休闲、轻松，一般选择两粒扣款式，但第二粒扣不系。衬衫领型以直角为主，显得干练、睿智，衬衫袖微露出西装袖2厘米。男主持人领带款式依据西装款式或女主持人服饰选择（颜色呼应）。女主持人西装应根据身材比例选择，如溜肩可选择平宽肩西装，呈T字形，但视觉看上去较为强势，因此平常采用正常肩型即可，拉近与观众的距离。连衣裙一般选择包身裙，剪裁合体，切忌过短。

（二）日常采访出镜

1. 自选着装

在日常出镜采访中，主持人一般穿着舒适、透气的服装，整体造型简约、干练。有的主持人在外景采访过程中，穿着过于时尚、华丽，是不行的。主持人形象应干净、整洁，切勿用力过猛，否则观众的焦点就会偏移在主持人身上，而忽略新闻内容，使节目不能达到预期的效果。新闻类节目的主旨是突出新闻的时效性和真实性，简约、干净的穿着，可使观众的焦点落在新闻资讯上，这是主持人需要认清的节目本质（见图7–14）。

图7–14　自选着装

2. 统一着装

每个节目都有自己独特的标识，因此节目可根据标识设计主持人服装，强化节目整体的符号化特色，让观众记忆深刻（见图7–15、图7–16）。

图7–15　外套统一

图7–16　POLO衫统一

再来看一个具体案例：《民生六号线》主持人出镜服装设计方案。

节目调研：《民生6号线》是河北电视台公共频道的一档民生新闻节目，每天19：00首播。《民生6号线》关注民生，以为百姓发声为己任；发挥舆论监督效应，敢怒敢言；发布惠民讯息，为百姓服务。节目开播以来，受到石家庄市民的广泛好评。公共频道标识和《民生6号线》标识如图7–17、图7–18所示。

图7–17　公共频道标识

图7–18　《民生6号线》标识

根据频道和节目标识的外形与内涵，河北电视台对主持人服装做了如下设计（见图7–19）：

（1）设计理念：公共频道的主色调是绿色，因此外景主持人的服装以绿色或蓝色为主，强化节目的符号化特色。

（2）服装款式选择POLO衫，精巧干练，上镜效果稳重大气。

（3）标识设计突出节目特色，放在胸前，鲜艳醒目。

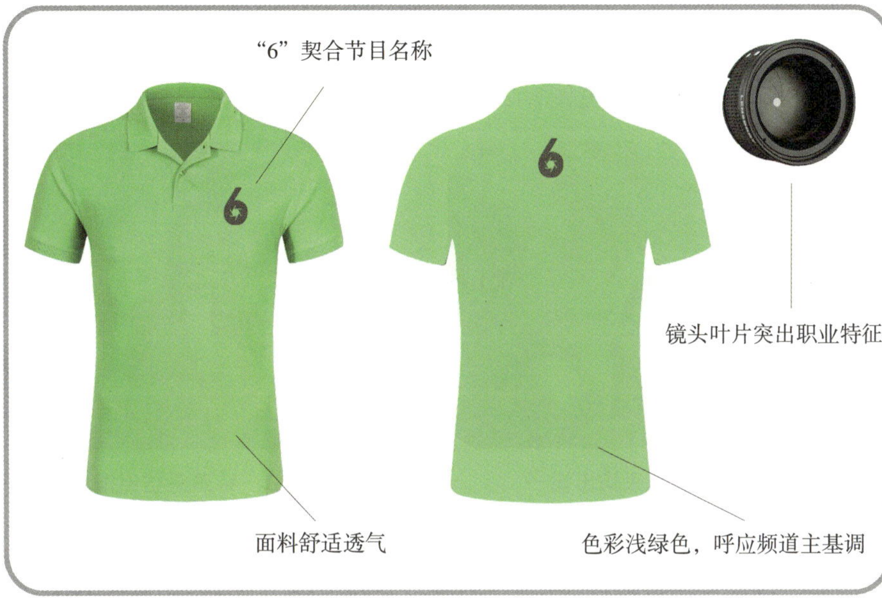

图7-19 POLO衫设计方案

最终设计：服装款式选择POLO衫，简约干练，色彩运用浅绿色，呼应河北电视台公共频道主色调，强化《民生6号线》标志性符号"6"，再将其设计成镜头扇叶状，既有频道符号性，又体现出职业特征，具有节目特色（见图7-20、图7-21）。

图7-20 女款POLO衫

图7-21 男款POLO衫

（三）特殊采访出镜

在外景采访中，主持人有时也会遇到特殊采访。比如在重大政治活动中，我们一般会运用和红色相关的色彩，因为红色是国旗的颜色。有时也采用黄色、橘色等邻近色，以便通过镜头表现重大活动的情境，让观众通过服装语汇了解新闻题材（见图7-22、图7-23）。

图7-22　特殊采访出镜一

图7-23　特殊采访出镜二

（四）实地采访出镜

实地外景采访，主持人一般选择和采访场合相关的服装，这样可以让观众通过服装了解当时的情况，增强代入感，同时也可使新闻更具真实性。比如主持人报道环卫工人或石油工人相关新闻时，会穿着相关职业的服装，观众通过服装便可知新闻是关于哪方面的内容（见图7-24）。如果采访时下雨，主持人可穿着雨衣出镜，通过展现天气特征提高新闻的可信度（见图7-25）。

图7-24　实地采访出镜

图7-25　下雨出镜

（五）危险场合采访出镜——鲜艳色彩、定位系统

有时主持人或记者在外景采访中，会到滑雪场、山区等偏远的地区，那么为了保证主持人和记者的人身安全，服装都会采用鲜明的纯色。比如在滑雪场，如果遇到危险，白色的服装无法被救援人员看到，会耽误救援时间，而色彩鲜艳的服装会让我们得到及时的救助。此外，我们还可以选择装有定位系统的智能服装，保障主持人和记者的安全。

（六）出镜主持人服装禁忌

出镜主持人不宜穿着以下服装：纯白色服装——没有层次感，显得平面化；发光性服装（如带有亮片、亮钻等饰物）——反光强烈，易引起观者不适；与背景融为一体的服装（考虑采访背景颜色）；厚重、肥大的服装——臃肿、不美观；性感、暴露的服装，如透视装、露肩装、露背装、膝盖以上短裤等；条纹类服装——荧屏爬格、变色严重。整体造型不能夸张，需要展现干练、沉稳、大气的荧屏形象（见图7-26）。

图7-26　出镜主持人服装禁忌

第三节　新闻类节目主持人形象设计调研分析

一、根据主持人风格——中央电视台《国际时讯》《新闻直播间》

中央电视台《国际时讯》节目中，柴璐的荧屏形象具有很强的差异性，服装以西装和衬衫为主，最具特色的是胸前总有一个蝴蝶结。这种具有个人特色的装饰，带有亲和力，有助于拉近主持人与观众的距离。标识化、符号化特征可以加强主持人形象塑造，观众也许没有记住这位主持人的名字，但看到蝴蝶结的时候便会联想到这位主持人的新闻播报（见图7–27）。

图7–27　《国际时讯》主持人柴璐

中央电视台《新闻直播间》节目中，李梓萌的着装以深色平宽肩西装和吊带为主，胸前佩戴口袋巾或胸针，体现出主持人稳重、大气的整体形象。

值得我们思考的是，这种穿着整体呈T字形，传达出的视觉语言是强势的、中性化的，具有权威性，可以增强新闻的可信度，但也缺少亲和力，会给人一种强硬的感觉。所以，新闻主持人在选择服装时，要根据个人特点来进行搭配，并一直坚持这种搭配，形成具有个人特点的着装风格（见图7–28）。

图7–28 《新闻直播间》主持人李梓萌

二、根据节目风格——河北卫视《你好，京津冀》

在河北卫视的夜间节目《你好，京津冀》中，主持人的服装设计以高明度的色彩搭配白色为特色。这样的设计旨在为观众带来清新、独特的观感，给疲惫的观众注入新鲜感，吸引观众的注意力。观众看到主持人清爽的形象时，能够感受到夜晚的轻松氛围，也能收获愉悦的观赏体验。考虑到观众需求和节目风格，服装造型设计显得尤为重要（见图7–29）。

图7-29 《你好，京津冀》主持人

三、根据主持人风格和节目风格——东方卫视《看东方》

在东方卫视《看东方》节目中，主持人的服装造型各具特色。从荧屏形象中可以看出，男主持人以收身的西装版型为主，甚至还穿西装三件套，且西装外套不系扣，这在全国新闻类节目中是独树一帜的。这种穿着方式时尚大方，具有上海的地域特色，彰显一线卫视的包容性和前沿性。男主持人领带的颜色和女主持人服装色彩有一致的元素，使男女主持人的整体形象融洽、协调。值得关注的是，部分女主持人的肩型不再高耸，不是强势的形象，更多的是温婉、亲和的形象，给人一种“和您聊聊新闻”的视觉感受（见图7-30）。

图7-30 《看东方》主持人

第四节　石家庄电视台新闻类节目主持人形象设计方案

根据50演播室整体布局，对主持人站位进行布光调整，从主持人面光强度开始，到逆光（头部、肩膀、腰部），再到环境光进行调整，根据灯光的整体效果，进行化妆造型的调整，最后确定整体形象设计方案（见图7–31）。

根据《石家庄新闻》节目的类型，以及主持人脸型、体形、发型、肤色等多方面因素，对主持人的整体形象进行设计，并以出镜显示器为基准进行调整，最终形成具有节目特色的新闻类节目主持人风格（见图7–31至图7–37）。

图7–31　50演播室形象塑造过程

《石家庄新闻》定妆图

节目类型　新闻类
脸　　型　甲字脸
体　　形　偏瘦
发　　型　黑色包耳短发
肤　　色　黄色偏白 中高明度
主持风格　个性 睿智 都市感
服装尺码　S码
主光源与主持人脸型的前角角度　30°
主机位与主持人的距离　4.6米

主播 曹青

服装颜色参考图

高灰加纯色调为主

化　　妆　脸部痘痕问题稍显严重，用粉底液打底，遮瑕膏提亮T字部位，眉毛画淡一些，突出眼睛的神采，腮红和唇色也淡一些

发　　型　头发做出蓬松感，顶发区提高，两侧稍微收住，刘海做卷曲处理，使整个人气质温婉睿智

服　　装　肩部较窄，选取翘肩或宽肩的西装款式，内搭颜色选取明快色调，使整个人显得小巧玲珑，突出个人甜美的气质

摄　　像　光圈6.9，每次用灰度板进行调节

灯　　光　高色温6000K，面光2400LX，逆光1300LX，面光（4个平板光，1个聚光灯）；逆光灯1个，辅助光2个（打在腰间和面部）

大 屏 幕　蓝色地球底（高饱和度）

姿　　态　腰微转，上体朝镜头，左右手自然放在桌面（不要对称），整体感觉挺拔、庄重、大气

定景图

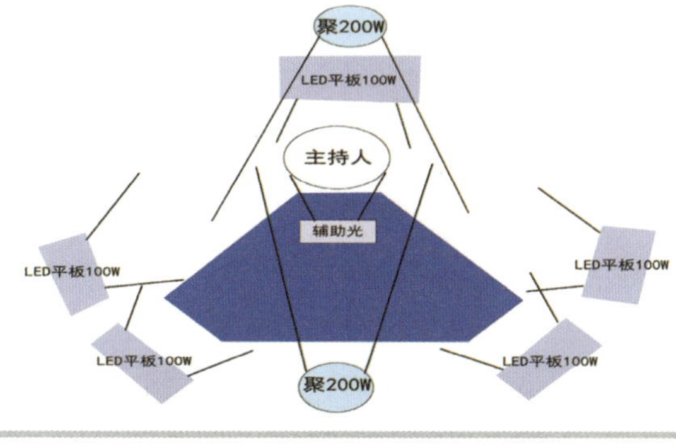

图7-32　主播曹青的定妆图

《石家庄新闻》定妆图

节目类型　新闻类
脸　型　方形脸
体　形　微胖
发　型　黑色短发
肤　色　灰色偏黄 中明度
主持风格　清新 温和 柔美
服装尺码　S码
主光源与主持人脸型的前角角度　30°
主机位与主持人的距离　4.6米

主播 兰云

服装颜色参考图

暖灰色调为主

化　妆	浅色和深色粉底液调和打底，修饰脸部立体感，修补眉形，突出眼妆，使妆容更加自然、清新
发　型	从长发变成短发造型，使整体形象显得更加干练、知性
服　装	外套以暖灰色调为主，一字内搭偏亮色或深色系，遵循内深外浅或内浅外深的原则
摄　像	光圈 6.9，每次用灰度板进行调节
灯　光	高色温 6000K，面光 2200LX，逆光 2200LX，面光（4 个平板光，1 个聚光灯）；逆光灯 1 个，辅助光 2 个（打在腰间和面部）
大屏幕	蓝色地球底（高饱和度）
姿　态	腰微转，上体朝镜头，左右手自然放在桌面（不要对称），整体感觉挺拔、庄重、大气

定景图

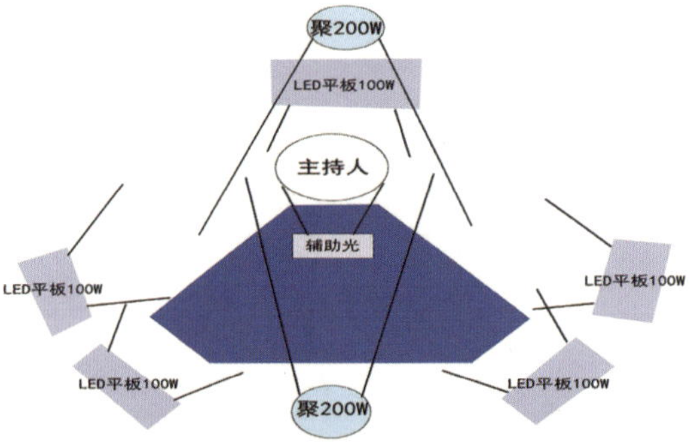

图7-33　主播兰云的定妆图

《石家庄新闻》定妆图

主播 罗莉莉

节目类型　新闻类
脸　　型　申字脸
体　　形　标准
发　　型　黑色长发
肤　　色　灰色偏黄　中明度
主持风格　知性 柔美
服装尺码　S码
主光源与主持人脸型的前角角度　30°
主机位与主持人的距离　4.6米

服装颜色参考图

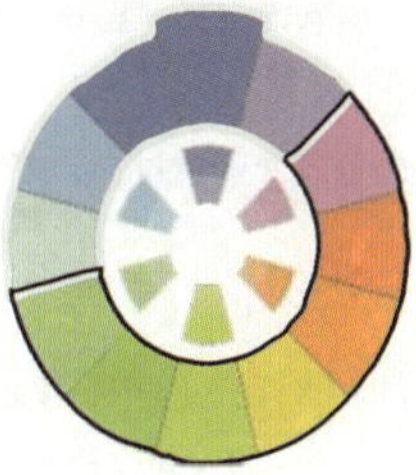

暖色调为主

化　　妆　粉底液打底，深色修容饼修容，粉底膏提亮T字部位。面部遮瑕，凸显柔美的气质
发　　型　提高头顶蓬松度，增加空气感，顶侧头发扎起，下部头发自然垂坠，打造知性、柔美的气质
服　　装　领型较单一，应选择曲线形或荷叶边衬衣，西装九分袖会更加柔美，增强都市感和知性美
摄　　像　光圈6.9，每次用灰度板进行调节
灯　　光　高色温6000K，面光2400LX，逆光1300LX，面光（4个平板光，1个聚光灯）；逆光灯1个，辅助光2个（打在腰间和面部）
大 屏 幕　蓝色地球底（高饱和度）
姿　　态　腰微转，上体朝镜头，左右手自然放在桌面（不要对称），整体感觉挺拔、庄重、大气

定景图

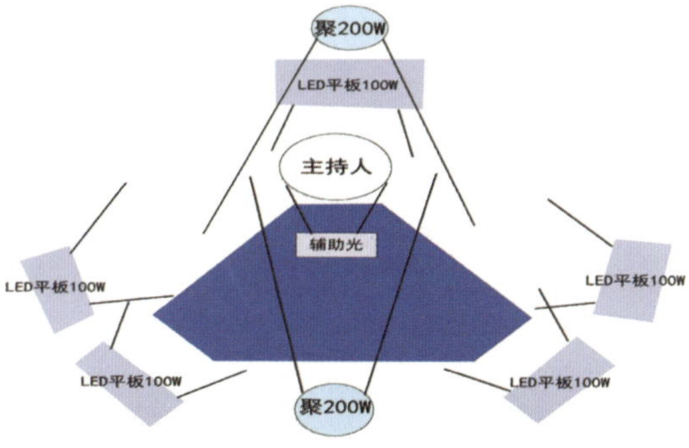

图7-34　主播罗莉莉的定妆图

《石家庄新闻》 定妆图

节目类型　新闻类
脸　　型　方形脸
体　　形　标准
发　　型　黑色短发
肤　　色　棕色偏黄 中低明度
主持风格　成熟 稳重 大气
服装尺码　M码
主光源与主持人脸型的前角角度　30°
主机位与主持人的距离　4.6米

主播 王彤

服装颜色参考图

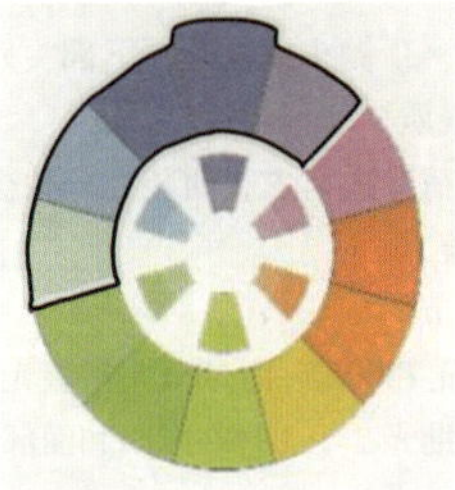

冷灰色调为主

化　　妆　粉底液打底，提亮T字部位和面部，棕色眉笔修补眉形，灰棕色眼影勾勒眼部轮廓

发　　型　头发较为稀少，用吹风机吹出蓬松感和空气感，鬓角用灰色眉笔重新造型，突显稳重成熟的气质

服　　装　整体以冷色调为主，深色西装加白色或浅蓝色衬衫，搭配蓝色条纹领带，使主播更显成熟

摄　　像　光圈6.9，每次用灰度板进行调节

灯　　光　高色温6000K，面光2400LX，逆光1300LX，面光(4个平板光，1个聚光灯)；逆光灯1个，辅助光2个(打在腰间和面部)

大 屏 幕　蓝色地球底(高饱和度)

姿　　态　腰微转，上体朝镜头，左右手自然放在桌面(不要对称)，整体感觉挺拔、庄重、大气

定景图

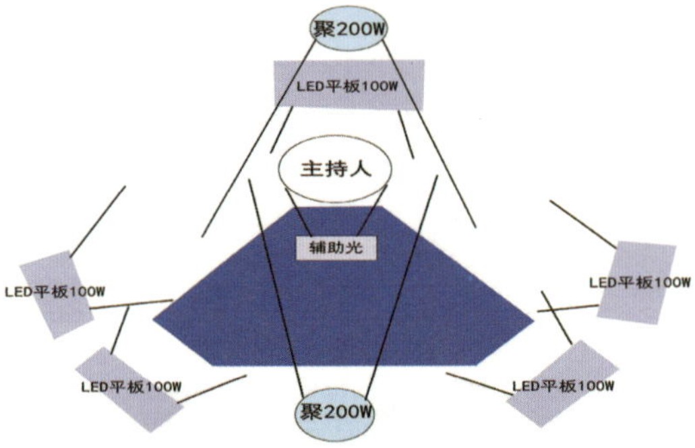

图7-35　主播王彤的定妆图

《石家庄新闻》定妆图

节目类型　新闻类
脸　　型　国字脸
体　　形　标准
发　　型　黑色短发
肤　　色　黄棕色　低明度
主持风格　年轻 稳重
服装尺码　M码
主光源与主持人脸型的前角角度　30°
主机位与主持人的距离　4.6米

主播 王宪

服装颜色参考图

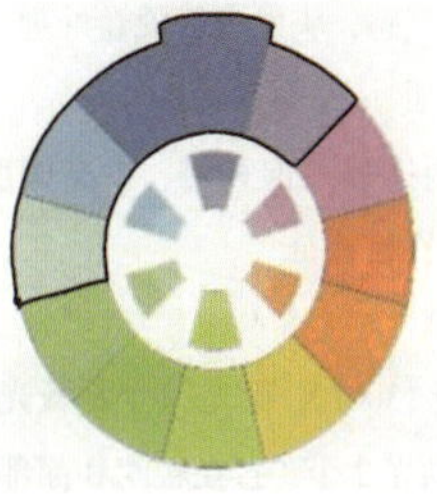

冷灰色调为主

化　　妆　粉底液打底，深色修容饼修容，粉底膏提亮T字部位，面部遮瑕，眉峰补缺，凸显稳重气质
发　　型　增加头顶头发的蓬松度，打造成熟稳重的性格特征
饰　　品　无
服　　装　西装领型以平驳领为主，领带以亚光灰色系为主，衬衫以淡黄色、淡蓝色、卡其色等为主
摄　　像　光圈6.9，每次用灰度板进行调节
灯　　光　高色温6000K，面光2400LX，逆光1300LX，面光（4个平板光，1个聚光灯）；逆光灯1个，辅助光2个（打在腰间和面部）
大 屏 幕　蓝色地球底（高饱和度）
姿　　态　腰微转，上体朝镜头，左右手自然放在桌面（不要对称），整体感觉挺拔、庄重、大气

定景图

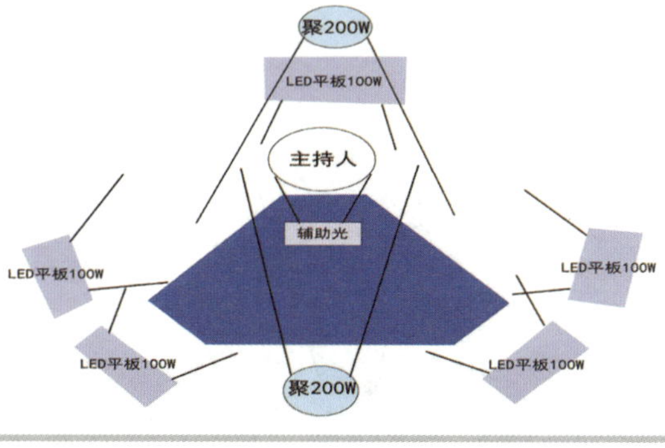

图7-36　主播王宪的定妆图

《石家庄新闻》定妆图

节目类型　新闻类
脸　　型　甲字脸
体　　形　标准
发　　型　棕黄色中长发
肤　　色　灰色偏黄　低明度
主持风格　大气 优雅 知性
服装尺码　S码
主光源与主持人脸型的前角角度　30°
主机位与主持人的距离　4.6米

主播 张怡橙

服装颜色参考图

裸灰色调为主

化　　妆　粉底液打底，深色修容饼修容，粉底膏提亮T字部位，面部遮瑕，凸显柔美的气质
发　　型　增加头顶头发的蓬松度，保持空气感，头发进行烫卷处理，整体盘起，打造知性、柔美的气质
服　　装　适合高灰色系、裸色系服装，内搭以高饱和度、中高明度的一字领为主，突出优雅大气的性格特征
摄　　像　光圈6.9，每次用灰度板进行调节
灯　　光　高色温6000K，面光2400LX，逆光1300LX，面光（4个平板光，1个聚光灯）；逆光灯1个，辅助光2个（打在腰间和面部）
大 屏 幕　蓝色地球底（高饱和度）
姿　　态　腰微转，上体朝镜头，左右手自然放在桌面（不要对称），整体感觉挺拔、庄重、大气

定景图

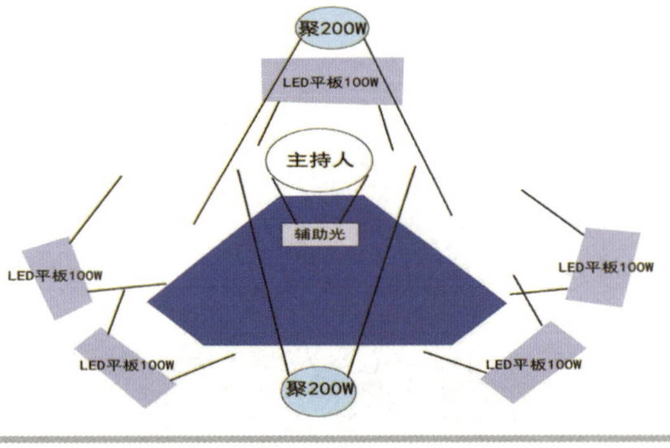

图7-37　主播张怡橙的定妆图

第八章　综艺类节目主持人形象设计

——以《衣尚中国》为例

第一节　综艺类节目主持人形象设计基本原理

一、设计目的

解决现阶段服装设计在综艺类节目中未成体系的问题，并通过设计方法与实践，形成综艺类节目本身解决服装设计体系化的方法，有利于节目制片人、导演、主持人、舞美人员、服化设计人员之间的沟通与协调，提高节目前期的研究效率，便于综艺类节目各项工作的开展。

通过对舞台美术、演播室、摄像、灯光等领域的学习，研究服装与各个部门之间的关系，使服装在其他因素的相互作用下，呈现出更好的效果。研究分析《衣尚中国》节目的本质，使主持人服装更具有节目特色，成为节目标志性形象。

二、设计意义

学有所用。帮助大学生在学习过程中，进行提炼与归纳，总结出系统的方法，并运用到工作中去。这是理论与实践相结合的表现。

建立有节目特色的服装设计体系。分析《衣尚中国》节目主持人的服装现状，帮助学生打造符合节目特点的主持人服装风格。

三、系统化的研究方法及过程

（一）节目调研的方法

有目的、有计划、系统地对国内外综艺类节目进行调研，其中包括国内外资料搜集调研、国内部分省级卫视实地调研等，搜集相关节目主持人服装现状，包括文字记录、图片拍摄、影像记录、录音等，系统地对《衣尚中国》节目主持人与各大卫视节目主持人进行全面多角度的分析、比较、归纳得出：他们之间的共性与个性和服装现状、优势、不足，为《衣尚中国》节目主持人服装设计确定方向。

（二）设计研究的方法

根据《衣尚中国》节目调研结果，分析归纳出节目本质，以此为创作基础，提出设计概念，结合当代流行趋势，进行多种服饰材料及色彩组合搭配试验和工艺制作试验，并从中选择出最适合本研究课题的设计方案（设计概念、材料搭配、工艺方法等）。根据确定的服装风格，采取与此相对应的表现手法，工艺方法等，在灯光、舞美、化妆造型等专业部门的通力合作下，融合与设计理念相协调的呈现方式，形成一脉相承的设计规律，对节目的主持人服装有着指导作用。

（三）设计研究的过程

节目调研分析（国内外综艺类节目主持人服装）——节目归纳判断（提出节目本质）——确定概念（灵感源、资料搜集、流行趋势分析等）——设计元素确定（款式、色彩、材质、工艺、结构、辅料的选择及服装搭配）——设计草图——设计效果图——成品制作——修改完善——节目效果呈现。

第二节　综艺类节目主持人形象统筹管理

一、概述

综艺类节目是一种娱乐性的节目形式，通常包含许多类型的演出，例如音乐、舞蹈、杂技等，而且通常只在电视上播出。大部分的综艺类节目会邀请现场观众参加录影，也有现场实况播出的节目。

主持人服装设计是指以电视节目为载体，表现主持人服装实用性和艺术性的一种艺术形式，通过计划、构思、设立方案，解决主持人在节目中的着装问题。

二、主持人服装与灯光部门的关系

在综艺类节目中，主持人服装与灯光之间的关系尤为重要，灯光的价值在不断提升，节目通过灯光的变换来调动情绪。尤其是电脑灯的运用，有助于营造刺激、动感的色光场面，灰色或白色服装吸光性好，能随色光而变化，使整体画面协调统一。设计师们在创作过程中为提高主持人服装感染力，要及时与灯光师进行沟通。如果服装上有大面积的白色羽毛做装饰，在左右或前后不同位置用冷暖色光进行照射，可以使羽毛充满变幻、闪烁、捉摸不定的联想力，丰富主持人服装的层次感，强化视觉形象冲击力。

除了考虑服装在灯光下的变化形态，还要考虑服装与灯光的色彩关系。

一是用色光丰富色彩造型。主持人服装色彩的倾向有时不是很纯，所以照射什么色光就呈现什么色彩。以灰色面料为例，与黑色面料来对比，可以看出灰色面料的价值远胜于黑色面料，灰色面料能与光色融为一体，而黑色面料在色光下会产生新的色彩（见表8-1）。

表8-1 灰色与黑色面料在不同灯光下的反应

灯光色	淡灰色面料（黑白比30%—70%）	黑色面料（黑100%）
红	红	褐
黄	黄	土黄
冷蓝	冷蓝	深蓝
冷绿	冷绿	深绿

二是不同色光对服装造型色彩的影响。除了灰色、白色等浅色之外，其他色彩纯度较高的服装受色光照射后，均呈现第三种色彩，设计师既要合理运用色光，又要避免脏腻的色彩出现（见表8-2）。

表8-2 不同色光在不同色彩服装上的变化

原服装色	色 光			
	红	天蓝	绿	黄
白	淡红、粉色	淡蓝	淡绿	淡黄、米黄
黑	暗红（红黑）	深蓝	绿黑	橙黑
红	朱红	深蓝红	黄红	橘色
淡蓝	红蓝	明蓝	绿蓝	淡红蓝
深蓝	深红紫	明蓝	深绿蓝	淡红紫
黄	橙红	淡红棕	淡绿黄	明淡橙
棕	棕红	蓝棕	深橄榄棕	棕橙
绿	橄榄绿	绿蓝	明绿	黄绿

三是不同材质的服装在灯光下的效果。反光性的材质，在色光投射下会呈现光的色彩；表面有绒毛的材料能够呈现对比强烈的复合色彩；质地粗犷的麻布，色光投射到上面后其光亮度会被削弱；高透明度的纱帛在色光下变得更有层次，呈现出光的本色；所有灰色或浅色系服装，在灯光下会再现色光。无论什么色彩的反光材料，在灯光下都是有一定亮度的光体，不会

呈现原有的色彩。

现在综艺类节目中的灯光设计非常新颖、有效。电脑色光与主持人整体形象和谐统一，光的色彩十分饱和，基本光源投射在头顶、肩部、腰间，使得整个人变得富有立体感和空气感。这样不仅使得整个现场气氛活跃起来，而且有利于主持人整体荧幕形象的塑造。

三、主持人服装与舞台布景部门的关系

主持人服装塑造与舞台布景相互依托，相互协调颜色的对冲。而日本、韩国近年来多采用相反的造型手法，主要突出主持人的画面感，烘托节目整体气氛，而不是为了单纯衬托主持人，这也是我们需要去不断探索的另一选择。

现在大多数综艺类节目舞台布景基本是以冷蓝色调为主，主持人的服装要么是冷色调，要么就是暖色调或者高明度低饱和度的色彩。这样既衬托出主持人的情绪与个性，也有利于荧幕形象的画面感塑造。一些综艺类节目主持人的服装造型基本与背景相融合，从而导致荧屏形象上仅有头部在交流的现象，这是令人尴尬的画面。所以，舞台布景与服装之间的相互联系，是主持人服装设计的重要依据。

四、主持人服装与化妆造型部门的关系

在综艺类节目化妆设计方面，应该针对每个主持人的面部特征进行刻画，凸显个性，迎合最新的化妆造型潮流，突出时尚感和自然特性。皮肤的透气感、立体感非常重要，因为我们现在越来越尊重人性，自然美已经成为当今审美流行趋势之一。现在许多综艺类节目在塑造主持人荧幕形象的时候，不去分析化妆、服装、主持人以及节目之间的关系，把主持人的妆容画得十分厚重，没有认真考虑主持人的年龄、服装面料的质感、节目形态等因素，而是一味地为了化妆而化妆。我们应该静下心来，重新研究人体头与

身的关系、化妆造型设计与服装设计的关系，打造具有节目特色的风格，更准确地提升主持人的荧幕形象。

综艺类节目的发型设计需要抓住主持人的个性特点，全方位、多角度地展现主持人的荧幕形象。

在《冬日暖央young》2021年12月的一期中，各位主持人的发型、传达设计就各不相同。每个人的个性特色被展现得淋漓尽致：尼格买提身穿黄色毛衣，显得青春又亮眼；鞠萍身着一套淡黄色的小礼服，显得更为年轻；王冰冰的可爱用卷曲的披肩发展现；王嘉宁、马凡舒的发型十分具有立体感与时尚感；撒贝宁和朱广权也根据自身风格选择了深色夹克和相对正式的西装。这种搭配不仅让每位主持人的个性特色得以充分展示，同时也为观众带来了一场多元的审美体验。在塑造主持人形象的过程中，传统的、封闭的思维方式已经不再适用。通过运用更加新颖的手段，如发型和服装的搭配，可以更好地突出每位主持人的独特之处。持续探索和创新，相互协调统一，有助于创造出符合节目本质的主持人服装风格，使整个节目呈现出更为独特和引人注目的一面（见图8-1）。

图8-1 《冬日暖央young》节目

综艺类节目主持人化妆造型见视频8-1。

第三节　电视综艺类节目主持人服装调研分析

一、根据主持人风格划分——简洁自然型

《艾伦秀》全名《艾伦·德杰尼勒斯秀》，是美国CBS电视台的一档热门脱口秀，而主持人艾伦·德杰尼勒斯以其轻松诙谐的主持风格备受观众青睐。该节目在2003年9月3日首播，内容涉及趣闻、名人访谈和人情故事等，多次获得日间艾美奖。

《艾伦秀》主持人服装以简单、随性的轻商务中性风格为主。黑白灰西装、衬衫、马甲搭配具有休闲感的牛仔裤，突出主持人的中性风格，符合节目访谈形式，贴近明星嘉宾与观众；简单而干练的短发，凸显艾伦的睿智与幽默气息，让节目显得轻松愉快，多数国内访谈类节目也随之效仿。例如《杨澜访谈录》《鲁豫有约》《非常静距离》等节目的形式和主持人服装风格都与《艾伦秀》相似。访谈类节目的本质是深入了解明星的隐性生活，通过讲故事的方式让观众更加了解明星。主持人着装也需要以低调为主，目的是凸显嘉宾（见图8-2）。

图8-2　《艾伦秀》主持人服装

二、根据节目风格划分——时尚轻松型

《你好星期六》多位主持人服装相互呼应，每一期都是通过节目主题对主持人服装进行搭配。几位主持人的服装款式都有所不同，但基本以简洁的男装风格为主，西装、衬衫、马甲、风衣，都是节目中经常出现的服装款式，而色彩则体现不同层次的单色。这样既简洁，又不失丰富的服装性格，使主持人成为有机的整体，凝聚节目力量，突出《你好星期六》青春向上、共同奋进的节目特色（见图8-3）。

图8-3　《你好星期六》节目

三、根据主持人风格和节目风格划分——符号化夸张

在《奇葩说》中，主持人马东的服装设计着实别具匠心。为了贴合男主持人的个性特色，设计团队打破传统，创造出了夸张而独特的服装造型，成为马东的标志性服装特质。这种设计包括夸张的玩偶装饰和五彩斑斓的西装，使他在镜头前显得独具个性。这些略显滑稽和夸张的服装造型与辩论

节目本身的性质非常契合。《奇葩说》作为一档辩论节目，大胆探讨各种话题，从不落俗套，有着鲜明的特色。主持人的服装设计与节目内涵相辅相成，为观众提供了一个深度解读主持人和节目的契机。观众因此更愿意深入解读主持人与节目，将主持人的服装视为一个独特的表达形式。这种独特的设计在营造氛围的同时也加深了观众对《奇葩说》的记忆，使节目在观众心中留下深刻的印象（见图8-4）。

图8-4 《奇葩说》节目

通过图8-4不难发现，每个节目主持人的服装都具有自身的特质，而形成主持人服装风格的关键在于明确服装所属类别，通过分析节目形成独有理念，从而形成主持人服装风格。

四、根据主持人风格、节目风格和嘉宾背景划分——古朴怀旧型

（一）《衣尚中国》节目概况

《衣尚中国》是中央广播电视总台文艺节目中心倾力打造的服饰文化

节目，由李思思担任主持人，总计推出十期（见表8-3）。节目以中华传统服饰艺术为焦点，深入挖掘服饰背后的美学精神，通过“历史空间”“匠心空间”“创演空间”等多层次呈现，唤起观众的文化记忆，激发观众的情感共鸣，引导观众将美融入日常生活。《衣尚中国》的策划历时近两年，通过深入研究中国服饰史、深刻研讨审美文化，经过多轮策划方案的打磨，最终决定以服饰为文化媒介，通过服饰诉说中国人的创造力和中国文化的多元包容性。

表8-3 《衣尚中国》节目简介

中文名称	衣尚中国	外文名称	Clothes in China
国家/地区	中国大陆	类　型	文化探寻类节目
主持人	李思思	首播时间	2020年11月7日
播出频道	中央电视台综艺频道	播出时间	每周六晚7点档
每集长度	约60分钟	节目口号	让中国美给你看

（二）《衣尚中国》节目调研

在进行整体节目调研时，对节目主持人、制片人、专业技术人员进行了针对性的采访。主持人建议对手臂、臀部、小腿进行修饰。制片人建议主持人服装可以带有国风元素，并在以往节目主持人服装基础上进行创新，而不是完全的颠覆。专业技术人员考虑到演播室灯光为5600LX高色温，建议选择蓝色系的服装，增加服装的层次感。

（三）《衣尚中国》节目分析

《衣尚中国》节目最大的特色在于嘉宾、主持人、节目的稳定效应。嘉宾每一期都不同。通过往期节目主题不难发现，每个主题都具有鲜明的标志性符号。将提取的符号化特征运用在主持人服装设计中，就可以勾起观众的情感记忆。同时，根据主持人自身的特质，将主持人风格、嘉宾背景以及节目风格三者相结合，形成具有《衣尚中国》节目特色的主持人服装风格。

（四）《衣尚中国》节目主持人形象现状及问题

在以“让中国美给你看”为主题的节目中，将国风元素与现代服饰巧妙融合，是对主持人的服装提出的更高的美学要求。为实现这一目标，必须进一步提升面料创新性，塑造独特风格化的整体造型，使主持人在舞台上展现出引人注目的视觉魅力。

（五）解决主持人形象现状及问题的方法

前期与制片人、主持人进行交流和沟通，记录所给的意见或建议。结合化妆造型、灯光、舞台美术等专业知识，进行设计实践研究。 通过国内外节目主持人服装调研，结合国际流行趋势，分析、归纳节目本质，提出新设计方案并制作成衣。

第四节　《衣尚中国》节目主持人服装设计特征分析

一、主持人服装特征变化

《衣尚中国》十期节目中，节目主持人服装（见图8-5）具有三大特征：（1）主持人服装风格在不停地变化，以适应当期主题风格。（2）主持人服装款式较为单一，多以小礼服为主。（3）主持人通过极具代表性的服饰符号，希望与节目风格相统一，但有几期服饰弄巧成拙，色彩过于繁复，与实际场景不符。

图8-5 《衣尚中国》节目主持人服装

二、主持人服装设计要素

（一）款式造型

不难看出，《衣尚中国》节目主持人的服装采用了戏剧化的礼服形式，以收腰短款礼服和传统旗袍为主。节目主题不断改版和创新，以迎合观众对国风节目的期望，主持人的服装也随之不断演变。每一期节目中主持人都有三套不同的服装，包括主持服装、舞台表演服装和采访服装，以展示多样的主题内容。

举例来说，在第一期节目《锦绣之美》中，主持人李思思一开始穿着带有蜀绣特色的短款礼服，而在舞台表演中则换上了传统的唐代齐胸衫裙。通过观察节目主持人服装的时序发展，我们发现主持人服装的变化与传达的节目内容密切相关。这种变换形式不仅能够吸引观众，更能够提高观众的沉浸感和参与感，体现了服装继承与创新的必然趋势。

（二）色彩

主持人与嘉宾的服装搭配在节目中显得至关重要。在前几期节目中，主持人的服装呈现出一种不稳定的状态。特别是在第七期的《童真之美》中，主持人的服装色彩单一，以黑白礼服为主，与节目主题“童真”明显不符。而在第十期的《和美之美》中，主持人的服装呈现出多元或复杂的特征。

这种主持人服装色彩的不稳定性可能与节目理念产生矛盾，导致节目理念与主持人服装不协调，进而引发观众的疑问。因此，基于节目理念推导主持人服装的理念是服装设计的基础。随后，根据主持人服装设计理念进行色彩符号化的呈现，以确保服装与整体节目的一致性。

（三）材质

过去，主持人服装以艳丽、亮眼、夸张为主要特点，然而，当舞台化面料被大面积使用时，往往会给人留下“土”“俗”的印象。从心理学的角度来讲，当反光面积超过人们能够承受的范围时，可能引发负面情绪，例如在夜间驾车时，过于闪烁的车灯可能让人感到厌恶。现如今，《衣尚中国》主持人服装正朝着时尚化、成衣化、特色化的方向发展，这体现了现代审美的趋势。然而，材质的选择也应当紧密结合节目理念，以在服装上体现独特的《衣尚中国》特色，比如更多运用丝绸等特殊面料，从而体现差异化。

综上所述，综艺类节目中主持人的服装设计与各部门之间的关系都是至关重要的，我们应该在工作中不断地去挖掘与发现问题，及时进行沟通，通过国内外节目分析与归纳，总结出具有节目特色的主持人服装风格。

《衣尚中国》突破了以往部分节目主持人服装不成理念、不成特色的局限，以中国美学出发有针对性地进行了服装的选择、设计、制作。主持人服装与灯光、舞台、化妆造型等专业领域，均与节目风格相呼应，相互协调，达到和谐的效果。主持人服装采用刺绣、扎染等传统工艺方法，服装款式和面料更加多元化。可以通过服装让观众了解节目理念，吸引收视群体。

第九章 播音与主持艺术专业学生形象设计方案

播音员主持人形象设计方案1

一、基本资料

（一）形象概况

姓名：崔泽葳（见图9-1）。

性别：女。

脸型：申字脸。

肤质：干性肤质。

身型：H型。

发型：中长发。

发色：深棕色。

服装尺码：M。

图9-1 崔泽葳

（二）个人风格

主持风格：知性沉稳。

节目类型：电视新闻类节目、生活资讯类节目、社会服务类节目。

兴趣特长：热爱运动、热爱美食。

优势：（1）表达能力优秀，善于沟通；

（2）善于做规划；

（3）认真踏实。

二、个人形象分析

脸型：申字脸。

身型：整体较为标准，腰围和肩宽、臀围接近。

肤质：干性肤质（额头、脸颊偏干）。

肤色：白皙，明度较高。

发型：中长发，整体呈现深棕发色，发尾有染色掉色情况，发根呈黑色。

面部特征：内眼角圆钝，眼尾高于眼头，整体呈圆弧状；嘴唇偏薄，面部折叠度较高，颧骨比较突出。

三、形象设计参考：湖南卫视《午间新闻》

（一）节目简介

播出平台：湖南卫视、芒果TV。

主持人：万欣、何娟、段俊、刘佳颖、王昊旸。

地区：国内。

类型：湖南新闻。

简介：湖南卫视《午间新闻》以时政新闻为主，与下午六点半直播的《湖南新闻联播》相呼应。

（二）节目形象设计理念

湖南卫视《午间新闻》作为一档传递实时资讯的新闻节目，其节目定位十分明确且精准。它致力于传递湖南本地及全国的新闻资讯，展现湖南经济、文化、社会等多方面的发展面貌，同时也关注国内外重大新闻事件，为观众提供全面、及时、深入的新闻报道。

四、形象设计方案

在播音员的妆造形象方面，依据《午间新闻》的节目特点，我们可以这样设计：妆造要体现专业性和权威性。作为新闻节目的播音员，其形象代表了节目的品质和水准。因此，妆造应简洁大方，不宜过于花哨或浓重。在妆容上，应注重自然、清新，突出播音员的面部轮廓和气质特点，同时避免使用过于鲜艳或刺眼的颜色。在发型上，应保持整洁、干练，不宜过于复杂或凌乱。

（一）化妆

1. 肌肤准备与底妆

肌肤清洁与保湿：首先确保主播的肌肤干净、湿润，为后续的底妆打下良好的基础。

底妆选择：选择轻薄、持久且遮盖力适中的粉底液或粉底霜。

底妆技巧：使用化妆海绵或粉底刷均匀涂抹于面部，避免出现厚重或斑驳的现象。

调整肤色：根据需要，使用遮瑕膏或调色液微调肤色，确保整体均匀。

2. 眼妆

眼影：选择自然、柔和的眼影色彩，如棕色、米色或淡粉色。使用眼影刷轻轻涂抹在眼窝处，增加眼部深邃感。

眼线：选择黑色或深棕色眼线笔，沿着睫毛根部画出清晰而自然的眼线。

睫毛膏：选择具有加长和卷翘效果的睫毛膏，为睫毛增加立体感和神采。

眉妆：使用眉笔或眉粉填补眉毛空隙，顺着眉毛生长的方向轻轻描绘，使眉毛更加整齐、浓密（见图9-2）。

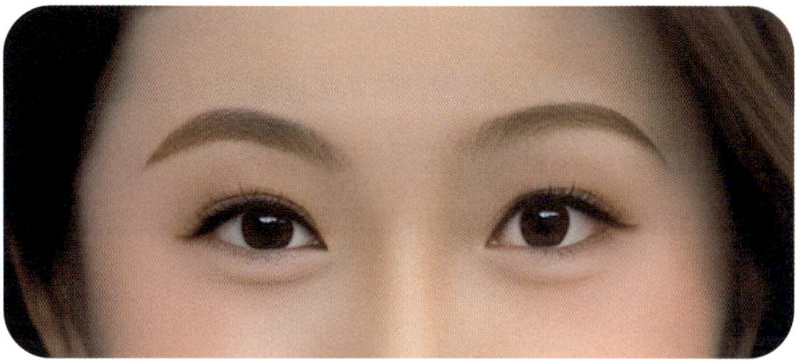

图9-2　崔泽葳眉妆

3. 腮红

腮红选择：选择自然、柔和的腮红色彩，如粉色或珊瑚色。

腮红涂抹：使用腮红刷轻轻扫在脸颊上，从颧骨处开始，向太阳穴方向晕染，营造出自然的红润气色。

4. 唇妆

口红选择：选择自然的口红色彩，如裸色、粉色或淡红色。

口红涂抹：使用唇刷或直接涂抹口红，确保唇部色彩均匀，同时保持唇部的滋润感。

5. 定妆与补妆

定妆喷雾：在完成整体妆容后，使用定妆喷雾固定妆容，增加妆容的持久性。

补妆准备：为应对长时间的直播，准备一些便携式的补妆产品，如吸油纸、粉饼、口红等，以便随时补妆。

在整个化妆过程中，还需注意以下几点：

（1）保持妆容的自然感，避免过于浓重或夸张。

（2）根据主播的面部结构和肤色特点进行个性化调整，使妆容更加贴合主播本人的气质和形象。

（3）确保使用的化妆品安全、无刺激，避免对主播的肌肤造成不良影响。

（二）发型

使用干胶、吹风机、尖尾梳、玉米须夹板等工具在刘海区打造蓬松发型，修饰颅顶；头发中部的量感同样要做大，与颅顶部分的发型连接，达到“头包脸”的效果。中长发一般使用卷发棒将发尾卷出弧度，弧度末尾与肩线平行。

（三）服装

（1）选择带领子西装提升精气神，肩部带有垫肩设计，用于修饰溜肩。

（2）颜色选择红色、宝蓝色、豆绿色以及马卡龙色系等显白的颜色。

（3）综艺服装不宜选黑白灰色，宜选择饱和度较高的彩色。

（4）适当增加胸针、首饰等配饰，为服装造型增添亮点（见图9-3）。

图9-3　主持人服装造型参考

五、形象设计评价

崔泽葳同学的形象设计方案基本达到了作业要求，参考的节目主持人形象符合自身特点。但在细节处还需仔细斟酌。新时代的播音员主持人在高清镜头下展示出来的每一处细节都需要仔细斟酌，确保向观众准确无误地传达信息。例如：发型上，发根要垫高，发尾内扣，形成“头包脸”的效果；服装色彩搭配上，可以选择较为沉稳的色调，如深蓝色、灰色等，以营造出一种稳重、大气的视觉效果，也更加符合个人特色和节目要求。

播音员主持人形象设计方案 2

一、基本资料

（一）形象概况

姓名：王纪星（见图9-4）。

性别：女。

脸型：甲字脸。

肤质：混油皮（T区出油）。

身型：沙漏型。

发型：长发。

发色：黑色。

服装尺码：M。

图9-4　王纪星

（二）个人风格

主持风格：灵动活泼、端庄大气。

节目类型：电视新闻类节目、生活资讯类节目、社会服务类节目。

兴趣特长：热爱阅读。

优势：（1）文字功底扎实；

（2）善于探索生活中的多重情感，并将其巧妙地运用到工作中。

二、个人形象分析

（1）脸型：瓜子脸。

（2）身型：肩臀宽接近腰围，腰部纤细。

（3）肤质：混油皮（T区出油）。

（4）肤色：白皙，明度较高。

（5）发型：垂直向下的长发，呈黑色。直发的纵向线条，可以在视觉上减弱脸的宽度；额头刘海吹高，微微向上翘起，以增加脸的长度。

（6）面部特征：内眼角圆钝，眼尾与眼头平齐，整体呈圆弧状，嘴唇偏薄，面部折叠度较高，颧骨比较突出。

三、形象设计参考：浙江卫视《浙江新闻联播》

（一）节目简介

播出平台：浙江卫视、Z视界。

主持人：席文、许婷、何敏。

地区：国内。

类型：浙江新闻。

简介：《浙江新闻联播》是浙江卫视的一档以时政新闻为主的综合性新闻节目。

（二）节目形象设计理念

《浙江新闻联播》的节目定位非常明确，它是一档以时政新闻为主干的综合性新闻节目。这档节目紧扣时代脉搏，关注社会变革，全面而权威地展现浙江的政治、经济和社会生活，旨在通过报道各类新闻事件，弘扬浙江精神，传递浙江声音，让观众及时了解浙江的发展动态和社会风貌。

四、形象设计方案

在播音员的妆造形象方面，依据《湖南新闻联播》的节目特点，我们可以这样设计：注重个性化和亲和力。虽然该节目的播音员需要保持一定的严肃性，但也要避免过于刻板或冷漠的形象。通过适当的妆容修饰和服饰搭配，可以展现出播音员的个性魅力，增加与观众的亲近感，使观众更容易接受和喜欢他们。

（一）化妆

妆造以端庄自然为美。端庄可以形容神情举止，也可以形容外部形象，是一种内外兼修而达成的气质。

（1）粉底运用毫不夸张，选择符合播音员自身肤色的色号，除了必要的立体感与轮廓修饰外，基本底的颜色崇尚真实不造作。

（2）眉形略有修饰，有一个略微向上弯曲的弧度，却没有修得过细，而是显出眉毛特有的茸茸质感，自然亲和（见图9-5）。

（3）眼影的晕染采用的是保守的颜色，没有艳丽夺目之感，却表现得温和与含蓄。

（4）口红的选用也毫无哗众取宠之意，与腮红、服装相协调的配色，使整个形象淡而有致，端庄自然。

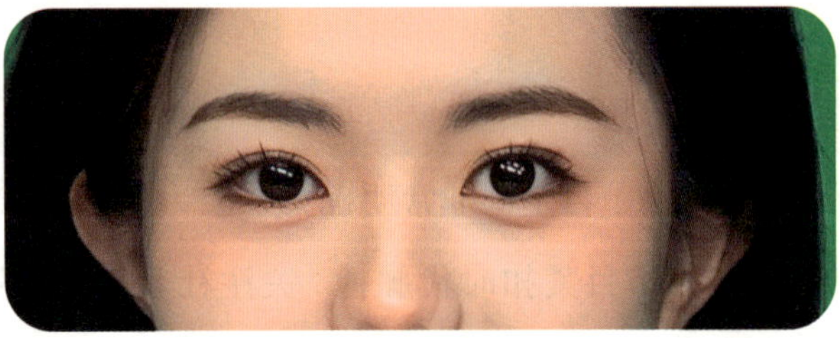

图9-5　王纪星眉妆

（二）发型

使用吹风机、尖尾梳、玉米须夹板等工具打造蓬松高颅顶，其余部分拉直或卷发处理。

（三）服装

（1）女播音员在服装搭配上，通常遵循专业、庄重且不失时尚的原则。

（2）选择经典的西装套装。这类服装既能够展现播音员的专业形象，又能够体现节目的庄重气质。在色彩上，多选择深色系，如黑色、深蓝色等。这些颜色能够营造出稳重、严肃的氛围，与新闻节目定位相契合。

（3）在服装搭配上，既注重专业性和庄重感，又追求时尚与细节的完美结合，从而塑造出既符合节目定位又充满个人魅力的形象（见图9-6）。

图9-6 主持人服装造型参考

五、形象设计评价

王纪星同学整体形象设计符合节目定位，但作为省级媒体播出平台，在新闻节目中还要注重妆造的严肃性、庄重性，追求一种严肃与亲切的平衡。在服装上，简洁而精致的衬衫，以及具有设计感的领带或丝巾，都能为整体造型增添一丝时尚感。

播音员主持人形象设计方案 3

一、基本资料

（一）形象概况

姓名：高志超（见图9-7）。

性别：男。

脸型：申字脸。

肤质：混油肤质（T区出油）。

身型：倒三角型。

发型：短发。

发色：黑色。

服装尺码：XL。

图9-7　高志超

（二）个人风格

主持风格：青春阳光、沉稳大气。

节目类型：电视新闻类节目、生活资讯类节目、社会服务类节目。

兴趣特长：热爱阅读、热爱研究。

优势：（1）对播音主持的钻研较为扎实；

（2）善于探索生活中的多重情感，并将其巧妙地运用到工作中。

二、个人形象分析

脸型：申字脸。

身型：倒三角型身材，肩膀较宽，胸部和手臂肌肉发达。

肤质：混油皮。

肤色：黄皮，明度较低。

发型：短发，呈黑色。

面部特征：内眼角圆钝，眼尾高于眼头，整体呈圆弧状；嘴唇偏厚，面部折叠度较高，颧骨比较突出。

三、形象设计参考：湖南卫视《天天向上》

（一）节目简介

播出平台：湖南卫视、芒果TV。

主持人：汪涵、齐思钧、吴泽林。

地区：国内。

类型：大型礼仪公德文化脱口秀。

简介：《天天向上》是湖南卫视推出的娱乐脱口秀节目，节目以传承中华礼仪文化和倡导社会公德为主旨，每期邀请演艺明星和社会特色群体以及企业界的知名人士作为嘉宾参与访谈和表演。

（二）节目形象设计理念

《天天向上》是一档综艺娱乐节目，形象设计是一个集创意、审美与实用性于一体的过程。《天天向上》对电视娱乐脱口秀的发展起着承上启下的作用。之所以“承上”，是因为《天天向上》秉承了娱乐脱口秀节目与生俱来的气质，如鲜明的娱乐特色、搞笑幽默的风格等。同时节目也在原有类型的基础上进行了大胆的创新，无论是在形态设计还是内容建构方面，都给人很大的启发，起着“启下”的作用。

四、形象设计方案

在主持人的妆造形象方面，依据《天天向上》的节目特点，我们可以这样设计：根据节目的整体风格、氛围以及每期节目的主题，确定主持人的妆造基调，使其与节目内容相协调。另外要突出主持人的个性。

（一）化妆

（1）油性肤质妆前要用清爽的爽肤水，采用薄画法不易卡粉，选择适合自己肤色的滋润粉底液。

（2）脸型为申字脸，额头较宽，颧骨略宽于额头，下巴尖翘，修容不当容易变成蛇精脸。

（3）可以选择标准眉，眉毛粗细要适中，不宜过长，眉毛过长会使得额头跟颧骨看着更宽（见图9-8）。

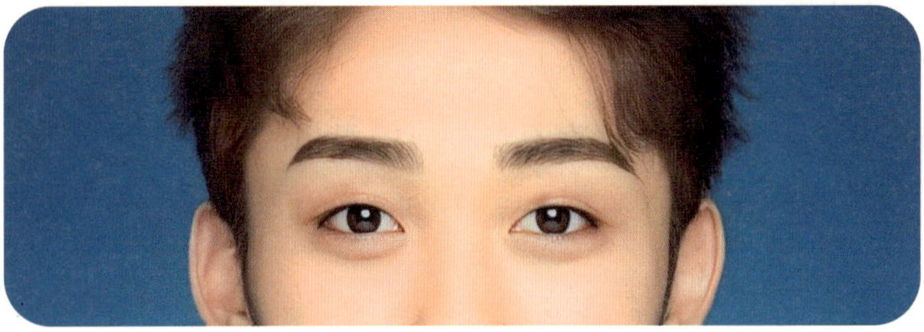

图9-8　高志超眉妆

（4）眼妆不宜太浓厚，也不要追求内外眼角延长，须根据自身情况尽可能让五官集中，以转移观众对额头及颧骨的注意力。

（5）暗影分布在发际线周围及颧骨外侧，收窄较宽部位。

（6）提亮T字区、三角区、下巴，使得五官更突出。

（二）发型

通过发型适当遮挡额头和颧骨，平衡尖下巴，利用刘海适当收窄额头及颧骨。不适合厚重的齐刘海，不适合超级短发，否则发型重心上移，显得额头更宽，下巴更尖。

（三）服装

（1）《天天向上》是湖南卫视推出的一档综合性文化娱乐节目。节目以传承中华传统文化、弘扬社会正能量为宗旨，以丰富多彩的互动环节和精彩纷呈的嘉宾阵容吸引观众。每期节目都会邀请演艺明星、对社会有突出贡献的人士以及企业界精英作为嘉宾，嘉宾通过访谈环节分享自己的人生经历和价值观，并在现场展现才艺表演。节目氛围轻松、愉悦、积极向上，所以主持人的服装也以自然亲和的休闲风格为主。比如可以采用舒适柔软的棉麻面料，选择简约无印风格的衬衫或POLO衫，配搭牛仔裤或休闲长裤，突出舒适随意的日常穿搭感。

（2）每期节目的主题不同，主持人要选择贴合主题的服装，使其既能凸显主持人的专业度，又能展现主持人独特的个人魅力。比如针对与职场相关的主题，主持人可以选择专业干练的商务套装，配以白色衬衫和素色领带。而针对校园或运动主题，就可以增添一些动感活泼的青春元素，选择运动风格的T恤或衬衫，搭配紧身牛仔裤或休闲裤，突出青春洋溢的活力形象。

（3）在色彩选择上，男主持人应根据节目主题和场景搭建来进行挑选。大多数情况下，建议以暖色调的衣服为主，以烘托《天天向上》活泼、轻松的节目调性（见图9-9）。

图9-9　主持人服装造型参考

五、形象设计评价

高志超同学的形象设计方案基本达到了作业要求，参考的节目主持人形象符合白身特点。但在细节处还需仔细斟酌，要注意服装的搭配与整体造型的协调。除了挑选合适的上衣外，还要关注裤子、鞋子以及配饰的搭配。整体造型要和谐统一，避免过于花哨或突兀的搭配。

播音员主持人形象设计方案4

一、基本资料

（一）形象概况

姓名：贾洪博（见图9-10）。

性别：男。

脸型：甲字脸。

肤质：干性肤质。

身型：倒三角型。

发型：短发。

发色：棕色。

服装尺码：L。

图9-10　贾洪博

（二）个人风格

主持风格：沉稳大气。

节目类型：电视新闻类节目、生活资讯类节目、社会服务类节目。

兴趣特长：摄影。

优势：(1) 表达能力优秀，善于沟通；

(2) 对节目架构、视听语言有独特见解。

二、个人形象分析

脸型：甲字脸。

身型：整体比较标准，肩膀较宽，腰部匀称。

肤质：混油皮。

肤色：白皮，明度较高。

发型：短发，发尾有染色掉色情况，发根呈黑色。

面部特征：内眼角圆钝，眼尾眼头平齐，整体呈圆弧状；嘴唇偏薄，面部折叠度较高，颧骨比较突出。

三、形象设计参考：中央广播电视总台《新闻直播间》

（一）节目简介

播出平台：中央广播电视总台、央视网。

主持人：王言、王音棋、郑子可、张韬。

地区：国内。

类型：国际国内新闻。

简介：节目以焦点新闻播报为主，新闻评论和娱乐性新闻为辅。节目于2009年8月17日起在中央电视台新闻频道首播。特殊情况下与CCTV-1、CCTV-7等频道并机直播，同时各省级卫视频道或部分地方台进行转播。

（二）节目形象设计理念

《新闻直播间》沿用大头像、大字幕、关键词、评论等包装风格。每小时都会将当天的重点新闻滚动播出一遍，但并非简单重复，而是随时增补该新闻的后续报道、背景资料，或请专家和特约评论员做解读，逐渐增加深度。时效性是这档节目追求的目标，在长达8小时的直播中，经常插播“最新消息”。

四、形象设计方案

在播音员的妆造形象方面，依据《新闻直播间》的节目特点，我们可以这样设计：男播音员的妆造要展现专业形象，注意保持自然和适度的修饰。

（一）化妆

1. 肌肤准备

开始化妆前，确保脸部清洁干净，可以使用温和的洁面乳去除油脂和污垢。接下来，使用保湿乳液为肌肤提供足够的水分，确保妆容更加贴合自然。

2. 底妆

选择一款与肤色相近的底妆产品，如粉底液或BB霜，使用平头刷或海绵均匀涂抹于脸部。注意不要涂抹过多，以免出现厚重感。

3. 遮瑕

如果脸部有瑕疵或黑眼圈，可以使用遮瑕膏进行局部遮盖，使肌肤看起来更加完美。

4. 散粉

使用散粉刷轻轻扫上散粉，这有助于定妆并减少油光，使妆容更加持久。

5. 眉毛修饰

使用眉笔或眉粉填补眉毛空隙，顺着眉毛生长的方向轻轻描画，使眉毛更加浓密自然（见图9-11）。

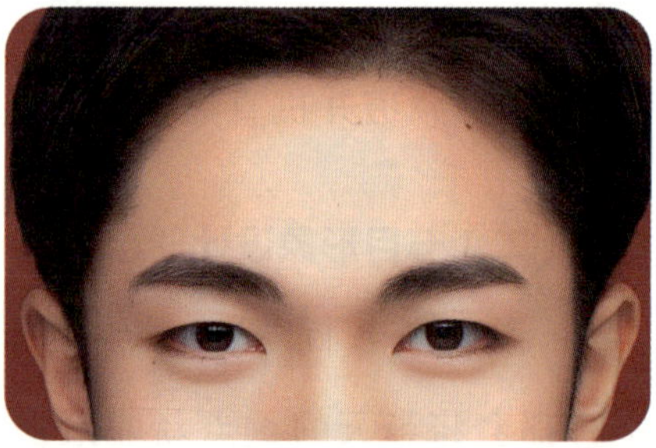

图9-11　贾洪博眉妆

6. 口红

口红颜色选择贴近嘴唇颜色的色调，使嘴唇更加饱满有形。

在化妆过程中，要注意手法轻柔，避免过于浓重或夸张的妆容。最后，确保妆容自然、干净、持久，为新闻播音员的专业形象加分。

（二）发型

使用吹风机、尖尾梳、玉米须夹板等工具打造蓬松高颅顶。

（三）服装

（1）选择带领子西装提升精气神，肩部带有垫肩设计，修饰溜肩。

（2）西装一般是深色系搭配白衬衣。

（3）搭配领带，而不是领结（见图9-12）。

图9-12　主持人服装造型参考

五、形象设计评价

贾洪博同学的形象设计方案基本达到了作业要求，但在一些细节方面需要再斟酌，根据《新闻直播间》的节目定位和特点，体现新闻节目的权威性、庄重性、严肃性。男播音员的发色一般呈黑色自然状态。

播音员主持人形象设计方案5

一、基本资料

（一）形象概况

姓名：王雨竹（见图9-13）。

性别：女。

脸型：申字脸。

肤质：油性肤质。

身型：倒三角型。

发型：短发。

发色：黑色。

服装尺码：S。

图9-13　王雨竹

（二）个人风格

主持风格：大气沉稳。

节目类型：电视新闻类节目、生活资讯类节目、社会服务类节目。

兴趣特长：热爱音乐。

优势：（1）有艺术气息；

（2）善于人际交流；

（3）有美学基础。

二、个人形象分析

脸型：申字脸。

身型：肩宽腰细，臀围小于肩围。

肤质：油性皮肤。

肤色：白皮，明度较高。

发型：短发，呈黑色，发尾稍稍内扣，右侧头发放于耳后。

面部特征：眼型古典温柔，整体呈圆弧状；嘴唇偏薄，面部折叠度较高，颧骨比较突出。

三、形象设计参考：江苏卫视《江苏新时空》

（一）节目简介

播出平台：江苏卫视、荔枝网。

主持人：张晓北、荣继敏、李俊宇、贺笑。

地区：国内。

类型：江苏新闻。

简介：《江苏新时空》自开播以来，始终高扬主旋律，围绕省委省政府的中心工作，对江苏的社会经济生活进行及时、准确、全方位的报道。节目坚持“内容为王”的原则，强化直播、现场报道和评论，体现了新闻性、政策性、指导性、权威性的高度统一。

（二）节目形象设计理念

《江苏新时空》是江苏卫视的一档重要新闻节目。它不仅是江苏时政新闻发布的重要窗口，也是观众了解江苏社会经济生活的重要渠道。节目以时政新闻为主干，同时也包含综合新闻和其他多种版块，内容涵盖了国内外的各类新闻事件。

四、形象设计方案

在播音员的妆造形象方面，依据《江苏新时空》的节目特点，我们可以这样设计：新版《江苏新时空》在包装制作上与国际接轨，既保留了传统播出方式的优点，又增加了实时的互动和多信息分享的功能，使节目更加大气、新颖、亲切。因此在进行播音员形象塑造时，播音员的妆造气质要符合节目气质。

（一）化妆

主要思路：大气清透、亲切自然。

（1）油性肤质的妆前要用清爽的爽肤水，采用薄画法不易卡粉，选择适合自己肤色的滋润粉底液。

（2）高颅顶头顶的碎发用发喷整理好，一定注意整理好脸颊两侧的头发，用来修饰脸型。可以用卷发棒卷出一定的弧度，直发会显得比较呆板。

（3）在摄影机前和强光下不使用红色眼影或者偏光眼影，防止反光，尽量选择大地色眼影来消肿。

（4）选用灰色调修容，修容打侧影即可，也可做眼部打底。

（5）对卧蚕进行亚光提亮，一般来说卧蚕的宽度为眼部的二分之一左右，且不要太过提亮，也不要用闪片。

（6）眉毛用眉粉填充，不要用眉笔直接画，否则会显得很生硬，最后用眉刷刷得自然一些（见图9-14）。

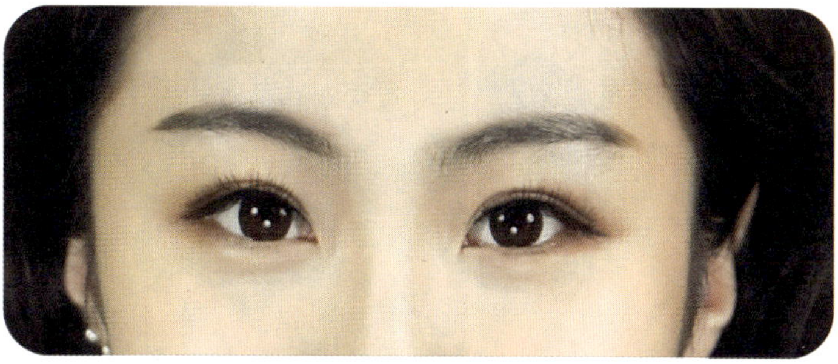

图9-14　王雨竹眉妆

（7）口红一定选择不鲜艳的颜色，薄唇切勿使用大红色，否则会将面部重点都集中于嘴部，尽量选择比较淡且能提气色的颜色。

（8）将腮红斜向打在颧骨突出的地方，可以在视觉上有效解决颧骨突出的问题，另外将紫色腮红打在颧骨凹陷位置，在视觉上让面部凹陷的地方整体突出。

（9）整体为亚光妆容，提亮也为亚光提亮，注意统一色调。

（二）发型

使用干胶、吹风机、尖尾梳、玉米须夹板等工具在刘海区打造蓬松发型，修饰颅顶；发型中部的量感同样要做大。

（三）服装

（1）选择带领子西装提升精气神，肩部带有垫肩设计，修饰溜肩。

（2）选择红色、宝蓝色、豆绿色以及马卡龙色系等显白的颜色。

（3）综艺服装不宜穿黑白灰，宜选择饱和度较高的彩色。

（4）适当增加胸针、首饰等配饰，为服装造型增添亮点（见图9-15）。

图9-15　主持人服装造型参考

五、形象设计评价

王雨竹同学的播音员形象与《江苏新时空》节目形象基本吻合，新闻类播音员呈现严肃、认真的气质。在发型上，不易半遮耳，否则会有损新闻节目的庄重感、严肃性。另外，申字脸不宜选择桃心领、方形领的领型，选择线条较为平滑的领型，可以柔化脸部线条偏硬的感觉。

图书在版编目（CIP）数据

播音员主持人形象塑造 / 蒋育秀，张静，胡建斌编著 . -- 北京：中国传媒大学出版社，2024.7
播音与主持艺术专业“十四五”规划教材・播音与主持艺术专业训练教材
ISBN 978-7-5657-3294-2

Ⅰ . ①主…　Ⅱ . ①蒋…　Ⅲ . ①主持人—形象—设计—高等学校—教材　Ⅳ . G222.2

中国版本图书馆 CIP 数据核字（2022）第 176065 号

播音员主持人形象塑造
BOYINYUAN ZHUCHIREN XINGXIANG SUZAO

编　　著　蒋育秀　张　静　胡建斌
策划编辑　赵　欣
责任编辑　赵　欣　张　笛
特约编辑　张　嵘
封面设计　拓美设计
责任印制　李志鹏

出版发行　中国传媒大学出版社
社　　址　北京市朝阳区定福庄东街 1 号　　邮　　编　100024
电　　话　86-10-65450528　65450532　　传　　真　65779405
网　　址　http://cucp.cuc.edu.cn
经　　销　全国新华书店

印　　刷　北京中科印刷有限公司
开　　本　787mm × 1092mm　1/16
印　　张　黑白 5　彩色 4.5
字　　数　150 千字
版　　次　2024 年 7 月第 1 版
印　　次　2024 年 7 月第 1 次印刷

书　　号　ISBN 978-7-5657-3294-2/G・3294　　定　　价　49.80 元（附数字资源）

本社法律顾问：北京嘉润律师事务所　郭建平